'Abdu'l-Bahá · Ansprachen in Paris

'ABDU'L-BAHÁ

# ANSPRACHEN IN PARIS

BAHÁ'Í-VERLAG GMBH

**Bibliografische Information Der Deutschen Bibliothek**

Die Deutsche Bibliothek verzeichnet diese Publikation in der Deutschen Nationalbibliografie; detaillierte bibliografische Daten sind im Internet über http://dnb.ddb.de abrufbar.

9. Auflage: Unveränderter Nachdruck der
4. neu ins Deutsche übertragenen Ausgabe


D–65719 Hofheim 2007 – 164
ISBN 978–3–87037–062–6
422–011

Auf Grund der englischen Übersetzung
von Sara, Lady Blomfield und anderen Mitarbeitern:
"THE WISDOM OF 'ABDU'L-BAHÁ"
New York City 1924,
ins Deutsche übertragen durch
Elsa Maria Grossmann und Hermann Grossmann

Der vorliegenden deutschen Übersetzung gingen zwei deutsche Ausgaben unter dem Titel „Evangelium der Liebe und des Friedens", Stuttgart 1914, und „Ansprachen von 'Abdu'l-Bahá 'Abbas, gehalten im Herbst 1911 in Paris", Stuttgart 1921, beide deutsch durch Wilhelm Herrigel, voraus, an die sich die neu überarbeitete dritte und die vorliegende vierte, unverändert belassene Auflage anschließen. Irrtümliche Jahreszahlen in den englischen Ausgaben (1911 statt 1912) wurden in dieser Übersetzung, wie auch bereits durch Herrigel geschehen, richtiggestellt.

Der Veröffentlichungsausschuß

## Vorwort der englischen Ausgabe

Es ist schon viel über den Besuch 'Abdu'l-Bahá 'Abbás Effendis in Europa geschrieben worden. Während Seines Aufenthaltes in Paris, in der Avenue de Camoens 4, hielt Er allmorgendlich kurze Ansprachen für diejenigen, die sich begierig drängten, Seine Lehre zu hören.

Diese Hörer waren von mannigfacher Staatsangehörigkeit und Gedankenrichtung, gelehrt und ungelehrt, Glieder verschiedener religiöser Sekten, Theosophen und Gottesleugner, Materialisten und Spiritualisten und so weiter.

'Abdu'l-Bahá sprach persisch, das danach ins Französische übersetzt wurde. — Diese Ansprachen haben meine beiden Töchter, meine Freundin und ich aufgezeichnet.

Viele Freunde baten uns, diese Aufzeichnungen auf englisch zu veröffentlichen; wir zögerten aber. Als uns schließlich 'Abdu'l-Bahá selbst bat, es zu tun, willigten wir selbstverständlich ein — obwohl wir die Empfindung hatten, daß unsere Feder „zu schwach für eine so hohe Botschaft" sei.

Wir haben uns bemüht, in unserer bescheidenen englischen Darreichung die in der französischen Übersetzung so geschickt wiedergegebene schlichte Art beizubehalten.

S. L. B., M. E. B., R. E. C. B. und B. M. P.

Mont Pélerin, Vevey, Januar 1912

---

Anmerkung der englischen Neuauflage: „Das Vorwort des Buches ist mit Anfangsbuchstaben gezeichnet. Ich bin gebeten worden, in dieser Neuauflage anzugeben, wofür diese Anfangsbuchstaben stehen:

S. L. B. = Sara Louisa Blomfield (Sitárih),
M. E. B. = Mary Esther Blomfield (Parvin),
R. E. C. B. = Rose Ellinor Cecilia Blomfield (Nuri),
B. M. P. = Beatrice Marion Platt (Vardiyi).

(gezeichnet) Sara, Lady Blomfield."

1.

# DIE PFLICHT ZUR FREUNDLICHKEIT UND ANTEILNAHME GEGENÜBER AUSLÄNDERN UND FREMDEN

*16. und 17. Oktober 1911*

Wenn sich ein Mensch zu Gott hinwendet, findet er überall Sonnenschein. Alle Menschen sind seine Brüder. Vermeidet, wenn ihr mit Ausländern zusammenkommt, durch überkommene Förmlichkeit den Anschein von Kälte und mangelnder Anteilnahme zu erwecken. Schaut sie nicht an, als ob ihr sie für Tunichtgute, Diebe oder Flegel hieltet. Es mag euch geraten erscheinen, vorsichtig zu sein, um euch nicht den Gefahren einer Bekanntschaft mit solchen vielleicht unerwünschten Elementen auszusetzen.

Ich bitte euch, denkt nicht nur an euch selbst. Seid freundlich zu den Fremden, gleichviel ob sie aus der Türkei, aus Japan, Persien, Rußland, China oder irgendeinem anderen Land der Erde kommen.

Helft ihnen, sich daheim zu fühlen, erkundigt euch nach ihrer Unterkunft, fragt, ob ihr ihnen nicht irgendeinen Dienst erweisen könnt, und versucht, ihr Leben ein wenig glücklicher zu gestalten.

Bleibt auch dann noch weiterhin freundlich, wenn sich euer ursprünglicher Verdacht bestätigt — derartige Freundlichkeit wird ihnen helfen, sich zu bessern.

Warum sollten wir überhaupt Ausländer als Fremde behandeln? Laßt die Menschen, die ihr trefft, auch ohne besondere Betonung wissen, daß ihr in der Tat Bahá'í seid. Setzt Bahá'u'lláhs Lehre von der Güte gegenüber allen Nationen in die Tat um. Begnügt euch nicht damit, durch Worte Freundschaft zu erzeigen, laßt eure Herzen in liebevoller Freundlichkeit für alle erglühen, die eure Wege kreuzen.

O ihr, die ihr dem Westen angehört: seid gut zu denen, die aus der Welt des Ostens kommen, um unter euch zu weilen. Vergeßt in der Unterhaltung mit ihnen eure Förmlichkeiten, die ihnen ungewohnt sind. Östlichen Völkern erscheint ein derartiges Verhalten kalt und unfreundlich. Befleißigt euch vielmehr des Mitempfindens. Laßt sie fühlen, daß ihr von allumfassender Liebe erfüllt seid. Wenn ihr einen Perser oder einen anderen Fremden trefft, so redet mit ihm wie mit einem Freunde; scheint er einsam zu sein, so trachtet danach, ihm zu helfen. Leiht ihm bereitwillig eure Dienste. Wenn er traurig ist, so tröstet ihn, wenn er arm ist, unterstützt ihn, wenn er bedrückt ist, steht ihm bei, ist er im Elend, stärkt ihn. Tut ihr das, so werdet ihr nicht nur mit Worten, sondern auch durch Taten und in der Wahrheit zeigen, daß ihr alle Menschen als Brüder anseht.

Was kann es nützen, zuzustimmen, daß weltumfassende Freundschaft gut ist, und von der Gemeinschaft der menschlichen Rasse als von einem hohen Ziel zu reden? Solange derartige Gedanken nicht zu Taten werden, sind sie wertlos.

Das Unrecht in der Welt besteht gerade deshalb weiter, weil die Menschen lediglich von ihren Idealen r e d e n und nicht auch trachten, sie in Taten umzusetzen. Würden Taten an die Stelle der Worte treten, so würde das Elend auf der Welt sehr bald in Wohlergehen verwandelt werden.

Ein Mensch, der Gutes tut und nicht darüber spricht, ist auf dem Wege zur Vervollkommnung. Wer wenig Gutes tut und es durch Reden größer macht, ist nur recht wenig wert.

Wenn ich euch liebe, muß ich nicht fortgesetzt von meiner Liebe sprechen — ihr werdet es auch ohne irgendwelche Worte wissen. Liebte ich euch hingegen nicht, so würdet ihr es gleichfalls wissen — und ihr würdet mir nicht glauben, selbst wenn ich mit tausend Worten erzählte, daß ich euch liebe.

Die Menschen machen viel Wesens um das Gute, indem sie viele schöne Worte gebrauchen, weil sie größer und besser als ihre Mitmenschen erscheinen möchten und in den Augen der Welt nach Ruhm begehren. Wer das meiste Gute tut, der macht die wenigsten Worte über seine Taten.

Die Kinder Gottes tun ihre Werke, ohne sich zu brüsten, indem sie Seine Gebote halten.

Ich hoffe für euch, daß ihr immer Gewalt und Unterdrückung meiden und unablässig arbeiten werdet, bis Gerechtigkeit in jedem Lande herrscht, und daß ihr eure Herzen rein und eure Hände frei von Unrecht haltet.

Dies ist es, was ihr tun müßt, um Gott nahe zu kommen, dies ist, was ich von euch erwarte.

## 2.

## DIE MACHT UND DER WERT DES WAHREN DENKENS HÄNGEN VON DESSEN ÄUSSERUNG IN TATEN AB

*18. Oktober 1911*

Die Wirklichkeit des Menschen ist sein Denken, nicht sein stofflicher Körper. Die Kraft des Denkens und die tierischen Kräfte sind Partner. Obwohl der Mensch an der Tierwelt teilhat, so besitzt er doch eine Gedankenmacht, die allen übrigen Geschöpfen überlegen ist.

Wenn ein Mensch in seinen Gedanken fortgesetzt den himmlischen Dingen zustrebt, wird er wie ein Heiliger, wenn sich seine Gedanken hingegen nicht erheben, sondern abwärts trachten, um sich in den Mittelpunkt der Dinge dieser Welt zu stellen, wird er fortwährend materieller, bis er einen Zustand erreicht, der wenig besser als der des bloßen Tieres ist.

Wir können zwei Klassen von Gedanken unterscheiden:

erstens, Gedanken, die nur der Welt des Denkens angehören,

zweitens, Gedanken, die sich in Taten äußern.

Manche Männer und Frauen freuen sich über ihre erhabenen Gedanken, doch wenn diese Gedanken nie in die Ebene der Taten kommen, bleiben sie zwecklos: die Macht des Denkens hängt von dessen Äußerung in Taten ab. Die Gedanken eines Philosophen mögen sich zwar in der Welt des Fortschritts und der Entwicklung in Handlungen anderer Menschen auswirken, auch wenn die Philosophen selber unfähig oder nicht bereit sind, ihre großen Ideale im eigenen Leben zu bekunden. Zu dieser Klasse gehört die Mehrzahl der Philosophen, da ihre Lehren hoch über ihren Taten stehen. Dies ist der Unterschied zwischen den Philosophen, die geistige Lehrer, und denen, die nur Philosophen sind: der geistige Lehrer ist der erste, der die eigenen Lehren befolgt; er bringt seine geistigen Begriffe und Ideale herab in die Welt des Handelns. Seine göttlichen Gedanken werden der Welt kund gemacht. Er selber ist sein Denken, von dem er nicht zu trennen ist. Wenn wir einen Philosophen finden, der die Bedeutung und Größe der Gerechtigkeit hervorhebt und dann einen raubgierigen Herrscher in seiner Unterdrückung und Gewalttätigkeit ermuntert, werden wir rasch erkennen, daß er zur ersten Klasse zählt, denn er denkt himmlische Gedanken und übt nicht die entsprechenden himmlischen Tugenden.

Dieser Zustand ist bei den geistigen Philosophen unmöglich, weil sie stets ihre hohen und edlen Gedanken in Taten äußern.

## 3.

## GOTT IST DER GROSSE BARMHERZIGE ARZT, DER ALLEIN DIE WAHRE HEILUNG BRINGT

*19. Oktober 1911*

Alle wahre Heilung kommt von Gott! Es gibt zwei Ursachen der Krankheit, die eine ist materiell, die andere geistig. Wenn die Krankheit aus dem Körper kommt, so bedarf sie zur Heilung eines materiellen Mittels, kommt sie aus der Seele, so erfordert sie ein geistiges Mittel.

Nur wenn der himmlische Segen während der Heilung auf uns ruht, kann unsere Wiederherstellung erfolgen, denn Arzneien sind lediglich das äußere und sichtbare Mittel, durch das wir himmlische Heilung finden. Ehe nicht der Geist geheilt wird, ist die Behandlung des Körpers völlig wertlos. Alles ist in Gottes Hand, und ohne Ihn ist keine Gesundheit in uns möglich.

Es hat zahlreiche Menschen gegeben, die schließlich gerade an dem Übel gestorben sind, das sie besonders untersucht haben. Aristoteles z. B., der sich des näheren mit der Verdauung befaßt hat, starb an einem Magenleiden. Avicenna war Herzspezialist und starb an einer Herzkrankheit. Gott ist der große barmherzige Arzt, der allein die Macht zur wahren Heilung hat.

Alle Geschöpfe hängen von Gott ab, wie groß auch ihr Wissen, ihre Macht und ihre Unabhängigkeit erscheinen mögen.

Betrachtet die mächtigen Könige auf Erden, besitzen sie doch alle Macht der Welt, die ihnen der Mensch zu geben vermag, und doch müssen sie, wenn sie vom Tod gerufen werden, ebenso gehorchen, wie die Bauern vor ihren Türen.

Seht auch die Tiere, wie hilflos sie in ihrer offenbaren Stärke sind! Denn der Elefant, das größte aller Tiere, wird durch die Fliege belästigt, und der Löwe kann sich nicht der Reizung durch den Wurm entziehen. Selbst der Mensch, die höchste Form der erschaffenen Wesen, braucht mancherlei für sein bloßes Dasein, vor allem Luft, und wenn er ihrer nur wenige Minuten lang beraubt ist, stirbt er. Ebenso hängt er von Wasser, Nahrung, Kleidung, Wärme und vielem anderem ab. Auf allen Seiten ist er von Gefahren und Schwierigkeiten umgeben, gegen die sein physischer Körper allein nicht aufzukommen vermag. Wenn der Mensch die Welt um sich betrachtet, wird er erkennen, wie alles Erschaffene den Naturgesetzen unterworfen ist und von ihnen abhängt.

Nur der Mensch war durch seine Geisteskraft in der Lage, sich zu befreien, sich über die Welt des Stoffes zu erheben und sie sich untertan zu machen.

Ohne die Hilfe Gottes ist der Mensch wie das Tier, das umkommt, aber Gott hat ihn mit so wunderbarer Kraft bedacht, daß er immer aufwärts schauen und außer anderen Gaben auch Heilung aus Seinem göttlichen Segensüberfluß empfangen mag.

Doch ach, der Mensch ist nicht für diese höchste Segnung dankbar, sondern er schläft den Schlaf der Nachlässigkeit und mißachtet die große Gnade, die ihm Gott erzeigt hat, indem er sein Gesicht vom Lichte abkehrt und seinen Weg im Dunkel geht.

Es ist mein ernstes Gebet, daß ihr nicht wie sie sein mögt, sondern immer mit Festigkeit auf das Licht schaut, damit ihr wie leuchtende Fackeln in den dunklen Bereichen des Lebens werdet.

## 4.

## DIE NOTWENDIGKEIT EINES ZUSAMMENSCHLUSSES DER VÖLKER DES OSTENS UND DES WESTENS

*Freitag, 20. Oktober 1911*

In der Vergangenheit wie in der Gegenwart hat die geistige Sonne der Wahrheit stets vom Horizont des Ostens her geschienen.

Abraham erschien im Osten. Im Osten erhob sich Moses, um das Volk zu führen und zu lehren, am östlichen Horizont auch der Herr Christus. Muḥammad wurde zu einem östlichen Volk gesandt. Der Báb stand im Ostland Persien auf. Bahá'u'lláh lebte und lehrte im Osten. Alle großen geistigen Lehrer erschienen in der Welt des Ostens. Doch obgleich die Sonne Christi im Osten aufging, wurden ihre Strahlen im Westen sichtbar, wo man die Herrlichkeit ihres Glanzes klarer erkannte. Das göttliche Licht Seiner Lehren leuchtete kräftiger in der westlichen Welt, in der es einen rascheren Fortschritt als im Lande seines Ursprungs nahm.

In diesen Tagen bedarf der Osten eines materiellen Fortschritts und der Westen eines geistigen Ideals. Es wäre für den Westen gut, sich um Erleuchtung an den Orient zu wenden und ihm dagegen seine wissenschaftlichen Kenntnisse zu vermitteln. Dieser Gabenaustausch muß erfolgen. Osten und Westen müssen sich zusammenschließen, um einander das zu geben, was sie brauchen. Diese Vereinigung wird eine wahre Zivilisation hervorbringen, in der das Geistige im Materiellen Ausdruck und Verwirklichung findet.

Wenn so der eine vom anderen empfängt, wird größte Eintracht herrschen, die ganze Welt vereint und ein Zustand hoher Vervollkommnung erreicht sein. Es wird ein festgeknüpftes Band bestehen und diese Welt zu einem leuchtenden Spiegel für die Eigenschaften Gottes werden.

Wir alle, die Nationen des Ostens und die des Westens, müssen Tag und Nacht mit Herz und Seele danach streben, dieses hohe Ideal, den Zusammenschluß der Einheit aller Völker der

Erde zu vollenden. Jedes Herz wird dann erfrischt und jedes Auge aufgetan, die wundervollste Kraft gewonnen und das Glück der Menschenwelt gesichert sein.

Wir müssen darum beten, daß durch die Segensfülle Gottes Persien in den Stand versetzt wird, vom Westen materielle Zivilisation und Schulung zu empfangen und ihm durch die göttliche Gnade sein geistiges Licht dafür zu geben. Der ergebenen tatkräftigen Arbeit der vereinten Völker, Abendländer und Morgenländer, wird es gelingen, dies zuwege zu bringen, denn die Kraft des Heiligen Geistes wird ihnen helfen.

Die Prinzipien der Lehren Bahá'u'lláhs sollten, Grundsatz um Grundsatz, sorgfältig studiert werden, bis sie durch Verstand und Herz erfaßt und begriffen sind — dann werdet ihr zu kraftvollen Anhängern des Lichtes und zu wahrhaft geistigen, himmlischen Soldaten Gottes werden, die in Persien, Europa und der ganzen Welt die wahre Zivilisation ergreifen und verbreiten.

Dies wird das Paradies auf Erden sein, das kommen wird, wenn das ganze Menschengeschlecht unter dem Zelte der Einigkeit im Reich der Herrlichkeit versammelt ist.

## 5.

## GOTT BEGREIFT ALLES IN SICH, ER SELBST KANN NICHT BEGRIFFEN WERDEN

*Freitagabend, 20. Oktober 1911*

Zahlreiche Zusammenkünfte finden täglich in Paris zu verschiedenen Zwecken statt, um Fragen der Politik, der Wirtschaft, der Erziehung, der Kunst, der Wissenschaft und manches andere zu erörtern.

Alle diese Zusammenkünfte sind gut, doch diese Versammlung hier hat sich zusammengefunden, um das Angesicht Gott zuzuwenden, zu lernen, wie man am besten das Wohl der Menschheit fördert, zu prüfen, wie sich Vorurteile überwinden lassen und wie man in die Menschenherzen den Samen der Liebe und der allgemeinen Bruderschaft zu säen vermag.

Gott billigt den Beweggrund unseres Zusammenkommens und gibt uns Seinen Segen.

Wir lesen im Alten Testament, daß Gott sprach: „Lasset Uns Menschen machen nach Unserem Bilde.“ In den Evangelien sagt Christus: „Ich bin im Vater und der Vater ist in Mir“ (Joh. XIV, 11). Im Qur'án spricht Muḥammad: „Der Mensch ist Mein Geheimnis und Ich bin seines.“ Bahá'u'lláh schreibt, daß Gott gesagt hat: „Dein Herz ist Meine Heimstatt, reinige es für Mein Kommen.“ „Dein Geist ist Mein Ausblick, bereite ihn für Meine Offenbarung.“

Alle diese heiligen Worte zeigen uns, daß der Mensch nach Gottes Ebenbild gemacht ist, und doch ist das Wesen Gottes für den menschlichen Geist unfaßbar, denn das endliche Begreifen läßt sich nicht auf das unendliche Geheimnis übertragen. Gott begreift alles in Sich, Er Selbst kann nicht begriffen werden. Das Umfassende ist größer als das Umfaßte. Das Ganze ist größer als seine Teile.

Was vom Menschen begriffen wird, kann nicht außerhalb seines Begriffsvermögens liegen, und so ist es für das menschliche Herz unmöglich, das Wesen der Erhabenheit Gottes zu begreifen. Unsere Vorstellung kann sich nur das vergegenwärtigen, was sie hervorzubringen vermag.

Das Fassungsvermögen ist in den verschiedenen Reichen der Schöpfung gradweise verschieden. Die Reiche des Minerals, der Pflanze und des Tieres sind unfähig, irgendeine Schöpfung, die die eigene übersteigt, zu fassen. Das Mineral kann sich nicht in die Wachstumskraft der Pflanze hineindenken, der Baum weder die Bewegungskraft im Tier verstehen noch begreifen, was es bedeutet, sehen, hören oder riechen zu können. Das alles gehört der physischen Schöpfung an.

Auch der Mensch hat Teil an ihr, aber keines der niederen Reiche vermag zu fassen, was im Verstand des Menschen vorgeht. Das Tier kann sich das Begriffsvermögen eines menschlichen Wesens nicht vergegenwärtigen, es weiß nur um das, was es mit seinen tierischen Sinnen wahrnimmt, und kann sich nichts Abstraktes vorstellen. Ein Tier könnte nicht lernen, daß die Erde rund ist, daß sie sich um die Sonne bewegt, oder wie der elektrische Telegraph gebaut ist. Derartiges ist nur dem

Menschen möglich. Der Mensch ist das höchste Werk der Schöpfung, dasjenige Geschöpf, das Gott am nächsten kommt.

Alle höheren Reiche sind für die niederen unfaßbar. Wie könnte dann wohl der Mensch den allmächtigen Schöpfer aller Dinge fassen?

Alle bestehenden Geschöpfe hängen von der göttlichen Großmut ab. Die göttliche Gnade spendet selber Leben. Wie das Licht der Sonne die ganze Welt erleuchtet, so ist die Gnade des unendlichen Gottes über alle Geschöpfe ausgegossen. Wie die Sonne die Früchte auf der Erde reifen läßt und allen Lebewesen Leben und Wärme gibt, so scheint die Sonne der Wahrheit auf alle Seelen, die sie mit dem Feuer göttlicher Liebe und Erkenntniskraft erfüllt.

Die Überlegenheit des Menschen über die übrige erschaffene Welt zeigt sich auch darin, daß der Mensch eine Seele hat, in der der göttliche Geist wohnt. Die Seelen der niederen Geschöpfe stehen ihrem Wesen nach tiefer.

Demnach ist zweifellos der Mensch unter allen Geschöpfen dem Wesen Gottes am nächsten, und darum fließt ihm auch die göttliche Gnadenfülle reicher zu.

Das Mineralreich hat die Kraft des Bestandes. Die Pflanze hat die Kraft des Bestandes und des Wachstums. Das Tier hat außer Bestand und Wachstum die Möglichkeit der freien Bewegung und die Wahrnehmungsfähigkeit der Sinne. Im Menschenreich finden wir alle Eigenschaften der niederen Welten und viele andere, die noch hinzukommen. Der Mensch ist die Summe alles Erschaffenen vor ihm, weil er all das in sich schließt.

Dem Menschen ist die besondere Gabe der geistigen Fähigkeiten verliehen, durch die er einen größeren Anteil des göttlichen Lichtes zu empfangen vermag. Der vollkommene Mensch ist ein klargeschliffener Spiegel, der die Sonne der Wahrheit und die in ihr offenbarten Eigenschaften Gottes widerstrahlt.

Der Herr Christus sagte: „Wer Mich gesehen hat, der hat den Vater gesehen" — Gott, geoffenbart im Menschen.

Die Sonne verläßt ihren Platz am Himmel nicht und steigt auch nicht in den Spiegel hernieder, denn Auf- und Abstieg, Kommen und Gehen entsprechen nicht dem Unendlichen, sondern der Eigenart der endlichen Wesen. In der Manifestation Gottes, dem vollkommen geschliffenen Spiegel, erscheinen die Eigenschaften des Göttlichen in einer Form, die der Mensch begreifen kann.

Dies ist so einfach, daß es alle verstehen können, und was wir verstehen können, müssen wir notwendigerweise auch annehmen.

Unser Vater wird uns nicht für die Ablehnung von Dogmen verantwortlich machen, die wir weder zu glauben noch zu begreifen imstande sind, denn Er ist unendlich gerecht zu Seinen Kindern.

Dieses Beispiel ist jedenfalls so logisch, daß es leicht von jedem Verstand begriffen werden kann, der ihm seine Aufmerksamkeit zu schenken bereit ist.

Möge jeder von euch zu einer strahlenden Lampe werden, deren Flamme die Liebe Gottes ist! Mögen eure Herzen mit dem Glanz der Einigkeit brennen und eure Augen mit dem Strahl der Sonne der Wahrheit leuchten!

Paris ist eine sehr schöne Stadt. In der gegenwärtigen Welt kann keine zivilisiertere und mit allen materiellen Errungenschaften besser ausgestattete Stadt gefunden werden. Aber das geistige Licht hat schon lange nicht mehr auf sie herabgeschienen: ihr geistiger Fortschritt ist weit hinter dem ihrer materiellen Zivilisation zurückgeblieben. Eine höchste Macht ist nötig, um sie zur Wirklichkeit geistiger Wahrheit zu erwecken, um den Hauch des Lebens in ihre schlafende Seele einzublasen. Ihr müßt euch alle zusammenschließen, um sie aufzuwecken, um die Menschen darin durch den Beistand jener höchsten Kraft ins Leben zurückzurufen.

Wenn es sich um eine leichte Erkrankung handelt, genügt eine schwache Arznei, um sie zu heilen, doch wenn die leichte Krankheit zu einer schrecklichen Not wird, dann muß der göttliche Heiler ein sehr starkes Heilmittel verwenden. Manche Bäume bringen Blüten und Früchte in kühlem Klima, andere benötigen die heißesten Sonnenstrahlen, um voll auszureifen. Paris ist einer von den Bäumen, die zur geistigen Entfaltung eine große flammende Sonne himmlischer Macht Gottes brauchen.

Ich bitte euch alle, jeden einzelnen von euch, dem Lichte der Wahrheit in den Heiligen Lehren wohl zu folgen, und Gott wird euch durch Seinen Heiligen Geist mit Kraft erfüllen, so daß ihr fähig werdet, die Schwierigkeiten zu überwinden und die Vorurteile zu zerstören, die zu Spaltung und Haß unter den Menschen führen. Laßt eure Herzen mit der großen Liebe Gottes erfüllt sein, laßt es alle fühlen, denn jeder Mensch ist ein Diener Gottes und allen ist ein Anteil am göttlichen Segensüberfluß gegeben.

Erzeigt besonders denen, deren Gedanken materiell und entgegengesetzt gerichtet sind, äußerste Liebe und Geduld und gewinnt sie so durch den Glanz eurer Güte für die Einheit der Gemeinschaft.

Wenn ihr eurem Werke treu seid und unbeirrt der heiligen Sonne der Wahrheit folgt, dann wird sich der gesegnete Tag der allumfassenden Bruderschaft über dieser schönen Stadt erheben.

## 6.

## DIE TRAURIGEN URSACHEN DES KRIEGES UND DIE PFLICHT EINES JEDEN, SICH UM FRIEDEN ZU BEMÜHEN

*21. Oktober 1911*

Ich hoffe, daß ihr alle glücklich und wohlauf seid. Ich bin nicht glücklich, sondern sehr betrübt. Die Nachricht von der Schlacht bei Benghazi bekümmert mein Herz. Ich wundere mich über die menschliche Grausamkeit, die noch in der Welt ist. Wie können Menschen von morgens bis abends kämpfen, einander töten und das Blut ihrer Mitmenschen vergießen? Und wofür? Nur, um die Herrschaft über ein Stück Erde zu gewinnen! Selbst die Tiere haben beim Kampf einen unmittelbaren und vernünftigeren Anlaß für den Angriff! Wie schrecklich ist es, daß sich Menschen, die dem höheren Reiche angehören, so erniedrigen, daß sie ihre Mitgeschöpfe um den Besitz eines Landstriches erschlagen und mit Elend überziehen!

Das höchste der erschaffenen Wesen kämpft um die niederste

Form des Stoffes: Erde. Das Land gehört nicht e i n e m Volke, sondern allen. Diese Erde ist nicht des Menschen Heim, sondern sein Grab. Es ist um ihre Gräber, worum diese Menschen kämpfen. Nichts in dieser Welt ist so schrecklich wie das Grab, die Stätte der verwesenden Menschenleiber.

Wie groß auch der Eroberer sein mag, wie viele Länder er auch versklavt, er kann von diesen verwüsteten Ländern nichts behalten, als ein winziges Stück: sein Grab. Wenn zur Verbesserung der Zustände eines Volkes, zur Verbreitung der Zivilisation (damit gerechte Gesetze an die Stelle unmenschlicher Bräuche treten) mehr Land benötigt wird, so müßte es gewiß auch möglich sein, die erforderliche Gebietserweiterung auf friedlichem Wege zu erreichen.

Aber der Krieg wird gemacht, um den menschlichen Ehrgeiz zu befriedigen. Um des weltlichen Gewinnes einiger weniger willen wird schreckliches Elend über ungezählte Heime gebracht und das Herz von Hunderten von Männern und Frauen gebrochen!

Wie viele Witwen trauern um ihre Gatten, wie viele Berichte über wilde Grausamkeiten werden laut! Wie viele verwaiste Kinderchen schreien nach ihren toten Vätern, wie viele Frauen weinen um ihre erschlagenen Söhne!

Nichts ist so herzzerbrechend und schrecklich, wie ein Ausbruch der menschlichen Wildheit.

Ich heiße euch alle und jeden von euch, alles, was ihr im Herzen habt, auf Liebe und Einigkeit zu richten. Wenn ein Kriegsgedanke kommt, so widersteht ihm mit einem stärkeren Gedanken des Friedens. Ein Haßgedanke muß durch einen mächtigeren Gedanken der Liebe vernichtet werden. Kriegsgedanken zerstören alle Eintracht, Wohlfahrt, Ruhe und Freude.

Gedanken der Liebe schaffen Kameradschaftlichkeit, Frieden, Freundschaft und Glückseligkeit.

Wenn Soldaten der Welt den Säbel ziehen, um zu töten, so schütteln die Soldaten Gottes einander die Hände. So mag durch die Gnade Gottes, die sich durch die reinen Herzen und aufrichtigen Seelen auswirkt, alle menschliche Wildheit schwinden. Haltet den Frieden der Welt nicht für ein unerreichbares Idealbild!

Nichts ist für Gottes Güte unmöglich.

Wenn ihr von ganzem Herzen Freundschaft mit allen Rassen auf Erden wünscht, so werden sich eure Gedanken geistig und aufbauend verbreiten, sie werden zum Wunsche anderer werden, wachsen und wachsen, bis sie alle Menschen erreichen.

Verzweifelt nicht! Wirkt ständig! Aufrichtigkeit und Liebe werden den Haß besiegen. Wie viel ereignet sich in diesen Tagen, das unmöglich schien! Wendet beständig euren Blick dem Licht der Welt zu! Erzeiget allen Liebe, „Liebe ist der Hauch des Heiligen Geistes im Menschenherzen". Fasset Mut! Gott verläßt Seine Kinder, die streben, arbeiten und beten, nicht. Laßt eure Herzen vom angestrengten Wunsch erfüllt sein, daß Ruhe und Einklang diese streitende Welt umfangen mögen. So wird euer Bemühen von Erfolg gekrönt sein und mit der allumfassenden Bruderschaft das Gottesreich in Frieden und Wohlwollen erscheinen.

In diesem Raum sind heute Angehörige vieler Rassen, französische, amerikanische, englische, deutsche, italienische Brüder und Schwestern, in Freundschaft und Harmonie beisammen. Laßt diese Zusammenkunft eine Ahnung dessen sein, was sich wahrhaftig in dieser Welt ereignen wird, wenn jedes Gotteskind erkennt, daß sie alle Blätter e i n e s Baumes, Blumen e i n e s Gartens, Tropfen e i n e s Meeres und Söhne und Töchter e i n e s Vaters sind, dessen Name Liebe ist!

## 7.

## DIE SONNE DER WAHRHEIT

*22. Oktober 1911*

'Abdu'l-Bahá sprach:

Heute ist ein schöner Tag, die Sonne scheint hell hernieder und gibt allen Geschöpfen Licht und Wärme. Auch die Sonne der Wahrheit scheint und gibt den Menschenseelen Licht und Wärme. Die Sonne ist der Lebensspender für die stofflichen Körper aller Geschöpfe auf Erden. Ohne ihre Wärme würde deren Wachstumskraft gehemmt und ihre Entwicklung aufgehalten werden, sie würden verkommen und sterben. In gleicher Weise bedürfen die Menschenseelen der Sonne der Wahrheit, damit sie ihre Strahlen über die Seelen ausgießen, sie entwickeln, erziehen und ermuntern kann. Was für den Körper des Menschen die Sonne ist, das ist die Sonne der Wahrheit für seine Seele.

Ein Mensch mag es zu einem hohen Grad von materiellem Fortschritt bringen, doch ohne das Licht der Wahrheit verkümmert und verhungert seine Seele. Ein anderer mag ohne materielle Gaben sein, sich auf der untersten Sprosse der Gesellschaftsleiter befinden, wenn er jedoch die Wärme der Sonne der Wahrheit empfängt, wird seine Seele groß und sein geistiges Begreifen erleuchtet sein.

Ein griechischer Philosoph, der in der Jugendfrühe der Christenheit lebte und von der christlichen Art erfüllt war, ohne doch selber Christ zu sein, schrieb: „Ich glaube, daß die Religion die eigentliche Grundlage der wahren Zivilisation ist." Denn erst, wenn die Sittlichkeit eines Volkes genau so ausgebildet ist wie sein Verstand und seine Begabung, wird auch die Zivilisation einen sicheren Untergrund besitzen.

Da die Religion Gesittung einschärft, ist sie die wahrste Philosophie, und auf ihr baut sich die einzige ausdauernde Zivilisation auf. Als Beispiel dafür nennt er die damaligen Christen, deren Sittlichkeit auf einer sehr hohen Stufe stand. Der Glaube dieses Philosophen entspricht der Wahrheit, denn die Zivilisation der Christenheit war die beste und erleuchtetste der Welt. Die christliche Lehre war durchdrungen vom Lichte der göttlichen Sonne der Wahrheit, weshalb ihre Anhänger gelehrt wurden, alle Menschen als Brüder zu lieben, nichts, auch nicht den Tod, zu fürchten, den Nächsten wie sich selbst zu lieben und die eigenen selbstischen Belange im Bemühen um das höchste Wohlergehen der Menschheit zu vergessen. Es war das große Ziel der Religion Christi, die Herzen aller Menschen der strahlenden Wahrheit Gottes näher zu bringen.

Hätten die Anhänger des Herrn Christus diese Grundsätze auch weiterhin mit unerschütterlicher Treue befolgt, so wäre keine Erneuerung der christlichen Botschaft, keine Wiedererweckung Seines Volkes erforderlich gewesen, weil dann eine große und herrliche Zivilisation die Welt beherrschen würde und das Himmelreich auf Erden wäre.

Was aber ist stattdessen geschehen? Die Menschen haben sich von den göttlich erleuchteten Geboten ihres Meisters abgewandt, und über die Menschenherzen ist der Winter hereingebrochen. Denn wie das Leben des menschlichen Körpers von den Sonnenstrahlen abhängt, so können auch die himmlischen Tugenden in der Seele nicht ohne den Glanz der Sonne der Wahrheit wachsen.

Gott läßt Seine Kinder nicht ohne Tröstung. Wenn aber die Dunkelheit des Winters über sie kommt, sendet Er wieder Seine Boten, die Propheten, mit einer Erneuerung des gesegneten Frühlings. Die Sonne der Wahrheit erscheint aufs neue am Horizont der Welt, scheint in die Augen derer, die schlafen, und erweckt sie, daß sie den Glanz eines neuen Tagesanbruchs schauen. Dann wird der Baum der Menschheit wieder blühen und zum Heil der Völker die Frucht der Rechtlichkeit hervorbringen. Weil der Mensch unter Vernachlässigung des Gesetzes Gottes seine Ohren vor der Stimme der Wahrheit und seine Augen vor dem heiligen Licht verschlossen hat, darum hat das Dunkel des Krieges und des Aufruhrs, der Unruhe und der Not die Erde zur Öde werden lassen. Ich bete darum, daß ihr alle danach strebt, jedes der Kinder Gottes ins Licht der Sonne der Wahrheit zu geleiten, damit die Finsternis von den durchdringenden Strahlen ihrer Herrlichkeit zerteilt und die Strenge und Kälte des Winters durch die barmherzige Wärme ihres Scheins hinweggeschmolzen werde.

## 8.

## DAS LICHT DER WAHRHEIT SCHEINT JETZT AUF OST UND WEST

*Montag, 23. Oktober 1911*

Hat ein Mensch irgendwo die Freude des Lebens erfahren, so kehrt er dorthin zurück, um noch mehr Freude zu empfangen.

Hat jemand eine Goldader entdeckt, so kehrt er zu ihr zurück, um noch mehr Gold zu graben.

Dies zeigt die inneren Kräfte und den natürlichen Trieb, die Gott dem Menschen gegeben hat, und die Macht des in ihn gelegten Lebenswillens.

Der Westen hat immer vom Osten geistiges Licht empfangen. Das Lied vom Himmelreich wurde zuerst im Osten laut, aber im Westen trifft es die lauschenden Ohren stärker.

Der Herr Christus ging als heller Stern am östlichen Himmel auf, aber das Licht Seiner Lehre schien vollkommener im Westen, wo Sein Einfluß festere Wurzeln schlug und sich Seine Sache in größerem Ausmaß ausgebreitet hat als in Seinem Geburtsland.

Der Klang des Liedes Christi ging hallend über alle Länder des Westens und drang in die Herzen seiner Bewohner ein.

Die Menschen des Westens sind fest, und der Grund auf den sie bauen, ist Felsen. Sie stehen fest und pflegen nicht leicht zu vergessen.

Der Westen ist gleich einer kräftigen, wettererprobten Pflanze: wenn der nährende Regen mild auf sie herabfällt und die Sonne herniederscheint, dann blüht sie zu ihrer Zeit und bringt gute Früchte. Es ist lange her, seit die Sonne der Wahrheit ihren Glanz durch den Spiegel des Herrn Christus auf den Westen ausgestrahlt hat, ist doch das Antlitz Gottes durch die Sünde und Vergeßlichkeit des Menschen umschleiert worden. Jetzt aber spricht der Heilige Geist, Gott Lob, erneut zur Welt! Das Dreigestirn der Liebe, Weisheit und Kraft scheint wieder einmal am göttlichen Horizont, um all denen Freude zu geben, die ihr Angesicht zum Lichte Gottes wenden. Bahá'u'lláh hat den Schleier des Vorurteils und des Aberglaubens zerrissen, der die Menschenseelen erstickt hat. Laßt uns Gott darum bitten, daß der Hauch des Heiligen Geistes den Menschen wieder Hoffnung und Erquickung bringe und in ihnen ein Begehren wecke, das sie Gott zu gehorchen treibt. Möchten in jedem Menschen Herz und Seele Belebung finden und sich alle dadurch einer Neugeburt erfreuen!

Dann wird die Menschheit ein neues Kleid im Glanz der Liebe Gottes anlegen und der Morgen einer neuen Schöpfung dämmern. Dann wird die Barmherzigkeit des Barmherzigsten auf das ganze Menschengeschlecht herniederregnen und ein jeder sich zu neuem Leben erheben.

Es ist mein ernstes Heißen, daß ihr alle um dieses herrlichen Zieles willen streben und wirken mögt, daß ihr getreue und liebevolle Arbeiter am Bau der neuen geistigen Gesittung werdet, Erwählte Gottes, die in bereitem freudigem Gehorsam Seinen höchsten Plan erfüllen! Der Erfolg ist sicherlich nahe, denn die Flagge der Göttlichkeit weht hoch am Mast, und die Sonne der Gerechtigkeit Gottes erscheint vor aller Augen am Horizonte.

## 9.

## DIE ALLUMFASSENDE LIEBE

*24. Oktober 1911*

Ein Inder sagte zu 'Abdu'l-Bahá:

„Mein Lebensziel ist, so weit wie möglich die Botschaft Krishnas über die Welt zu tragen."

'Abdu'l-Bahá sagte: „Die Botschaft Krishnas ist die Botschaft der Liebe. Alle Propheten Gottes haben die Botschaft der Liebe überbracht. Keiner von ihnen hat je die Auffassung vertreten, daß Krieg und Hassen gut sei. Alle bezeichnen gleichermaßen Liebe und Güte als das beste."

Die Liebe äußert ihre Wirklichkeit in Taten, nicht in bloßen Worten. Worte allein besitzen keine Wirkung. Um ihre Kraft zu zeigen, muß Liebe einen Gegenstand, ein Werkzeug, einen Anlaß haben.

Es gibt vielerlei Möglichkeiten, Liebe zu erzeigen: Da ist die Liebe zur Familie, zum Vaterland, zur Rasse, die politische Begeisterung und auch die Liebe gleichgerichteter Interessen. Dies alles sind Mittel und Wege, um die Macht der Liebe zu erweisen. Ohne solche Mittel würden wir die Liebe weder sehen, noch hören oder fühlen, all dies würde nicht zum Ausdruck kommen. Wasser zeigt seine Möglichkeit auf mancherlei Weise, dadurch, daß es den Durst löscht oder die Saat zum Wachsen bringt und so weiter. Kohle äußert ihre Eigentümlichkeiten unter anderem im Gaslicht, während sich die Wirkung der Elektrizität zum Beispiel im elektrischen Licht zeigt. Gäbe es kein Gas und keine Elektrizität, so würden die Nächte der Welt dunkel sein. So bedarf es auch zur Äußerung der Liebe eines Werkzeuges, einer Ursache, eines Gegenstandes, einer Ausdrucksmöglichkeit.

Wir müssen einen Weg herausfinden, auf dem wir Liebe unter die Menschensöhne tragen können.

Liebe ist ohne Grenzen, Schranken und Ende. Materielle Dinge sind begrenzt, beschränkt und endlich. Mit begrenzten Mitteln könnt ihr unendliche Liebe nicht angemessen zum Ausdruck bringen.

Die vollkommene Liebe braucht ein selbstloses Werkzeug, das von jeder Art von Fessel völlig frei ist. Die Liebe zur Familie ist begrenzt, das Band der Blutsverwandschaft nicht das stärkste. Oft sind Mitglieder der gleichen Familie uneins, ja, hassen sie einander.

Vaterlandsliebe ist endlich. Liebe zum eigenen Lande, die zum Haß gegen alle übrigen führt, ist keine vollkommene Liebe. Auch Landsleute sind nicht frei von Streitigkeiten.

Die Liebe zur Rasse ist begrenzt. Wohl herrscht hier eine gewisse Einheit, doch sie genügt nicht. Liebe darf keine Grenzen haben.

Liebe zur eigenen Rasse kann gleichzeitig Haß gegen alle anderen bedeuten, und selbst Menschen der gleichen Rasse werden einander oft nicht lieben.

Politische Liebe ist gleichfalls stark mit Haß gegen andere Parteien verbunden. Derartige Liebe ist sehr begrenzt und schwankend.

Die aus gleichgerichteten Interessen fließende Liebe ist unbeständig. Vielfach ergeben sich dabei Abgrenzungen, die Eifersucht hervorrufen, und schließlich verdrängt der Haß die Liebe.

Vor einigen Jahren standen die Türkei und Italien in einem freundlichen politischen Verhältnis zueinander, und jetzt liegen sie miteinander im Kriege!

Alle diese Bande der Liebe sind unvollkommen. Es ist klar, daß begrenzte materielle Bindungen nicht genügen, um allumfassende Liebe angemessen auszudrücken.

Die große selbstlose Liebe zur Menschheit ist durch keine dieser unvollkommenen, halb selbstsüchtigen Bindungen gefesselt. Sie ist die einzige vollkommene Liebe, die allen Menschen möglich und nur durch die Macht des göttlichen Geistes zu erreichen ist. Keine weltliche Macht kann die allumfassende Liebe je zustande bringen.

Laßt alle in dieser göttlichen Macht der Liebe eins sein! Laßt alle danach streben, daß sie im Lichte der Sonne der Wahrheit wachsen und diese strahlende Liebe auf alle Menschen widerspiegeln, damit ihre Herzen geeinigt werden und sie immerdar im Glanze dieser grenzenlosen Liebe bleiben.

Behaltet diese Worte, die ich in der kurzen Zeit, da ich in Paris in eurer Mitte weile, zu euch spreche. Ich ermahne euch ernstlich: laßt eure Herzen nicht durch die materiellen Dinge dieser Welt in Fesseln schlagen. Ich heiße euch, nicht als Hörige der Materie selbstzufrieden auf dem Bette der Nachlässigkeit zu liegen, sondern euch zu erheben und euch von ihren Banden frei zu machen!

Das Tierreich ist im Stoff gefangen, den Menschen aber hat Gott mit Freiheit ausgestattet. Das Tier kann den Naturgesetzen nicht entrinnen, wogegen der Mensch sie zu beherrschen vermag, weil er die Natur begreifen und sich dadurch über sie erheben kann.

Die Macht des Heiligen Geistes, der den Verstand des Menschen erleuchtet hat, hat ihn befähigt, Mittel zu entdecken, die die Naturgesetze seinem Willen beugen. Er durchfliegt die Luft, durchkreuzt die Meere und bewegt sich sogar in ihren Tiefen.

Dies alles zeigt, wie der Verstand des Menschen befähigt wurde, ihn von den Begrenzungen der Natur zu lösen und viele ihrer Geheimnisse zu enträtseln. Der Mensch hat die Fesseln des Stoffes bis zu einem gewissen Grad zerbrochen.

Der Heilige Geist will dem Menschen noch größere Kräfte als diese geben, wenn er nur nach den Dingen des Geistes streben und sich bemühen möchte, sein Herz mit der göttlichen unendlichen Liebe in Harmonie zu bringen.

Wenn ihr ein Glied eurer Familie oder einen Landsmann liebt, so tut es mit einem Strahl der unendlichen Liebe! Tut es mit Gott und für Gott! Wo immer ihr die Eigenschaften Gottes findet, liebt jenen Menschen, gleichviel, ob er zu eurer Familie oder zu einer anderen zählt. Ergießet das Licht der grenzenlosen Liebe über jedes menschliche Wesen, das ihr antrefft, mag es gleich eurem Lande, eurer Rasse, eurer politischen Partei oder irgendeiner anderen Nation, Farbe oder politischen Richtung angehören. Der Himmel wird euch helfen, wenn ihr daran arbeitet, die zerstreuten Völker der Welt unter den Schatten des allmächtigen Zeltes der Einigkeit zu sammeln.

Ihr werdet die Diener Gottes sein, die in Seiner Nähe wohnen, Seine göttlichen Gehilfen im Dienste an der ganzen Menschheit. Der g a n z e n Menschheit! Jedes menschlichen Wesens! Vergeßt dies nie!

Sagt nicht, daß jemand Italiener, Franzose oder Engländer ist, denkt nur daran, daß er ein Sohn Gottes, ein Diener des Allerhöchsten ist, ein Mensch! Alle sind M e n s c h e n ! Vergeßt die Landeszugehörigkeiten — alle sind gleich im Angesicht Gottes.

Denkt nicht an eure eigene Begrenztheit, denn Gottes Hilfe wird mit euch sein. Vergeßt euch selbst, denn Gottes Hilfe wird gewißlich zu euch kommen.

Wenn ihr die Barmherzigkeit Gottes anruft und auf ihren Beistand wartet, wird eure Kraft verzehnfacht werden.

Schaut auf mich: Ich bin so schwach, und doch erhielt ich die Kraft, zu euch zu kommen, ein armer Diener Gottes, der befähigt wurde, euch diese Botschaft zu verkünden. Ich werde nicht lange bei euch sein. Man muß nicht auf seine eigene Schwachheit blicken, denn es ist die Kraft des Heiligen Geistes der Liebe, der die Macht zum Lehren gibt. Der Gedanke an unsere eigene Schwachheit könnte uns nur verzweifeln lassen. Wir müssen unser Auge über alle irdischen Gedanken erheben, und von jedem materiellen Gedanken lösen, Geistiges erbitten und unseren Blick auf die ewige freigebige Gnade des Allmächtigen heften, der unsere Seelen erfüllen will mit der Freude eines fröhlichen Dienstes gemäß Seinem Gebote: „Liebet einander!“

## 10.

## DIE GEFANGENSCHAFT 'ABDU'L-BAHÁS

*Avenue de Camoens 4*
*Mittwoch, den 25. Oktober 1911*

Ich bedaure sehr, daß ich euch heute morgen warten ließ, aber ich muß in kurzer Zeit so viel für die Sache der Liebe Gottes tun.

Es wird euch nichts ausgemacht haben, daß ihr ein wenig warten mußtet, um mich zu sehen. Ich habe im Gefängnis Jahr um Jahr gewartet, daß ich euch besuchen könnte.

Vor allem aber sind unsere Herzen, Gott Lob, in ständiger Verbundenheit und mit gleichem Ziel durch die Liebe Gottes angezogen. Sind wir nicht durch die Segnungen des Himmelreiches mit unserer Sehnsucht, unserem Herzen und Geist in einem einzigen Band vereinigt? Beten wir nicht darum, daß alle Menschen einträchtig zusammenfinden möchten? Sind wir nicht darum jederzeit beisammen?

Als ich gestern abend aus der Wohnung des Herrn Dreyfus heimkam, war ich sehr ermüdet, und doch habe ich nicht geschlafen. Sinnend lag ich wach.

Ich sagte: o Gott, hier bin ich in Paris. Was ist Paris, und wer bin ich? Nie habe ich geträumt, daß ich je aus der Nacht meines Gefängnisses zu euch kommen könnte, obgleich ich an meinen Urteilsspruch, als man ihn mir verlas, nicht glaubte.

Es wurde mir gesagt, daß 'Abdu'l-Hamíd meine lebenslängliche Gefangenschaft befohlen hätte, und ich sagte: „Das ist unmöglich. Ich werde nicht immer ein Gefangener sein. Würde 'Abdu'l-Hamíd Unsterblichkeit besitzen, so möchte ein solches Urteil durchführbar erscheinen. Sicher werde ich eines Tages frei sein. Man kann meinen Körper eine Zeitlang festhalten, doch hat 'Abdu'l-Hamíd keine Macht über meinen Geist — er muß ihn frei belassen, ihn kann kein Mensch gefangen setzen."

Durch Gottes Macht aus meiner Gefangenschaft entlassen, begegne ich hier den Freunden Gottes, und ich bin Ihm dankbar.

Laßt uns die Gottessache verbreiten, für die ich Verfolgungen erlitt.

Wie groß ist unser Vorrecht, daß wir hier zusammenkommen können, welch ein Glück für uns, daß Gott es uns ermöglicht hat, gemeinsam für das Kommen des Himmelreiches zu wirken!

Seid ihr froh, einen solchen Gast zu empfangen, der aus seiner Gefangenschaft befreit wurde, um euch die herrliche Botschaft zu überbringen? Ihn, der nie eine solche Zusammenkunft für möglich hätte halten können! Nun bin ich, der ich zu lebenslänglicher Gefangenschaft in einer weit entlegenen Stadt des Ostens verurteilt war, durch Gottes Gnade, durch Seine wunderbare Macht hier in Paris und spreche mit euch!

Von nun ab werden wir immer beisammen sein, Herz und Seele und Geist, und die Arbeit vorwärtstreiben, bis alle Menschen unter dem Zelte des Gottesreiches vereinigt sind und die Lieder des Friedens singen.

## 11.

## GOTTES GRÖSSTE GABE FÜR DEN MENSCHEN

*Donnerstag, den 26. Oktober 1911*

Gottes größte Gabe für den Menschen ist der Intellekt, die Möglichkeit der Erkenntnis.

Erkenntnis ist die Fähigkeit, durch die der Mensch sich Kenntnis von den verschiedenen Schöpfungsreichen und mannigfachen Stufen der Erscheinungswelt, sowie von vielem aus dem Bereich des Unsichtbaren holt.

Indem er diese Gabe besitzt, ist er in sich die Summe der vorausgegangenen Schöpfung, kann er mit deren Reichen in Verbindung treten und sich oft, dank seiner wissenschaftlichen Kenntnis, bis zur prophetischen Schau erheben.

Die Erkenntnisfähigkeit ist in der Tat die köstlichste Veranlagung, die die göttliche Freigebigkeit dem Menschen zugedacht hat. Nur der Mensch besitzt unter den erschaffenen Wesen diese wunderbare Gabe.

Die ganze dem Menschen voraufgehende Schöpfung ist durch das strenge Naturgesetz gebunden. Die große Sonne, die mannigfachen Sterne, die Meere und Seen, die Berge, die Flüsse, die Pflanzen, die Tiere, große und kleine — niemand vermag dem Gesetz der Natur den Gehorsam zu versagen.

Nur der Mensch hat Freiheit, und durch seine Erkenntnisfähigkeit, seinen Intellekt, war er imstande, die Kontrolle über die Naturgesetze zu erlangen und einige von ihnen seinen eigenen Bedürfnissen anzupassen. Durch die Fähigkeit des Intellektes hat er Möglichkeiten entdeckt, durch die er nicht nur große Erdteile in Schnellzügen durchmessen und weite Meere mit Schiffen überqueren kann, sondern sogar wie die Fische in Tauchbooten unter Wasser reist und in Luftschiffen gleich Vögeln durch die Luft fliegt.

Es ist dem Menschen gelungen, auf verschiedenerlei Art die elektrische Kraft zu nützen, als Licht, als Antrieb, um Mitteilungen von einem Ende der Erde zum anderen zu senden, und auf elektrischem Wege kann er sogar Stimmen über viele Meilen hin vernehmen.

Durch diese Gabe der Erkenntnis, des Intellektes, war er auch in der Lage, die Sonnenstrahlen zu benutzen, um Menschen und Dinge abzubilden und sogar entfernte Himmelskörper in ihren Formen einzufangen.

Wir sehen, in wie mannigfacher Weise der Mensch vermocht hat, die Naturkräfte seinem Willen zu unterwerfen.

Wie bedrückend ist es doch, zu sehen, daß der Mensch seine von Gott verliehenen Gaben mißbraucht, um Gottes Gebot „Du sollst nicht töten" zu verletzen und Christi Vorschrift „Liebet einander" Trutz zu bieten!

Gott gab dem Menschen diese Macht, damit er sie zum Fortschritt der Zivilisation, zum Heil der Menschheit und zur Förderung der Liebe, der Eintracht und des Friedens nutze. Der Mensch aber zieht vor, diese Gabe zur Vernichtung statt zum Aufbau zu verwenden, zu Ungerechtigkeit und Unterdrückung, zu Haß und Mißklang, zur Verwüstung und zur Ausrottung seiner Nächsten, denen Christus befohlen hat, einander wie sich selbst zu lieben!

Ich hoffe, daß ihr e u r e Erkenntnisfähigkeit benutzen werdet, um die Einheit und Ruhe des Menschengeschlechtes zu fördern, dem Volk Belebung und Zivilisation zu geben, Liebe überall um euch zu wecken und den allgemeinen Frieden herbeizuführen.

Studiert die Wissenschaften, eignet euch mehr und mehr Wissen an. Man kann gewiß bis an sein Lebensende lernen. Nutzt euer Wissen stets zum Wohle anderer, dann mag der Krieg von dieser schönen Erde ablassen und ein herrlicher Bau des Friedens und der Eintracht aufgerichtet werden. Bemüht euch darum, daß eure hohen Ideale im Reiche Gottes auf der Erde wie im Himmel verwirklicht werden mögen.

## 12.

## DIE WOLKEN, DIE DIE SONNE DER WAHRHEIT TRÜBEN

*Avenue de Camoens 4*
*Freitagmorgen, den 27. Oktober 1911*

Der Tag ist schön und die Luft rein, die Sonne scheint, kein Dunst und keine Wolke trübt ihr Leuchten.

Diese glänzenden Strahlen dringen in alle Teile der Stadt hinein. So möge die Sonne der Wahrheit den Geist der Menschen erleuchten!

Christus sagte: „Sie werden des Menschen Sohn in den Wolken des Himmels kommen sehen“[1]). Bahá'u'lláh sagt: „Als Christus zum ersten Male kam, kam Er auf den Wolken“[2]). Christus sagte, daß Er vom Himmel gekommen — aus Gott hervorgegangen — sei, während Er durch Maria, Seine Mutter, geboren worden war. Wenn Er erklärte, daß Er vom Himmel kam, so meinte Er damit selbstverständlich nicht das blaue Firmament, sondern Er sprach vom Himmel des Reiches Gottes und davon, daß Er aus diesem Himmel auf den Wolken herabgekommen sei. So, wie die Wolken ein Hindernis für den

---

[1]) Matth. 24, 30; 16, 27.
[2]) Joh. 3, 13.

Sonnenschein bedeuten, so verbergen auch die Wolken der Menschenwelt den Glanz der Göttlichkeit Christi vor den Augen der Menschen.

Die Menschen sagten: „Er ist aus Nazareth, von der Maria geboren, wir kennen Ihn und kennen Seine Brüder. Was kann Er meinen? Was sagt Er da? Daß Er aus Gott kam?"

Der Körper Christi wurde durch Maria von Nazareth geboren, der Geist aber war von Gott. Die Möglichkeit Seines menschlichen Körpers war begrenzt, die Macht Seines Geistes aber groß, unendlich und unermeßlich.

Die Menschen fragten: „Warum sagt Er, daß Er von Gott ist?" Hätten sie Christi Wirklichkeit begriffen, so hätten sie gewußt, daß der Körper Seiner Menschlichkeit eine Wolke war, die Seine Göttlichkeit verbarg. Die Welt sah nur Seine menschliche Form und wunderte sich darum, wieso es möglich sei, daß Er „vom Himmel herab kam".

Bahá'u'lláh sagte: „Gleichwie die Wolken die Sonne und den Himmel vor unserem Blick verbergen, verbarg auch die Menschlichkeit Christi der Menschenwelt Sein wahres göttliches Wesen."

Ich hoffe, ihr werdet euch mit unbewölkten Augen der Sonne der Wahrheit zuwenden und nicht auf das Irdische schauen, damit sich eure Herzen nicht von den wertlosen und vergänglichen Freuden der Welt verlocken lassen. Laßt euch durch die Sonne von Seiner Stärke geben, dann werden Seine Erleuchtungen nicht durch die Wolken des Vorurteils vor euren Augen umschleiert werden. Dann wird die Sonne für euch unbewölkt sein.

Atmet die Luft der Reinheit. Möget ihr alle und jeder an den göttlichen Gnadengaben des Himmelreiches teilhaben. Möge die Welt für euch kein Hindernis sein, das die Wahrheit vor eurem Blick verdeckt, wie der menschliche Körper Christi Seine Göttlichkeit vor dem Volk an Seinem Tag verdeckt hat. Möget ihr ein klares Bild des Heiligen Geistes schauen, so daß eure Herzen erleuchtet und befähigt werden, zu erkennen, wie die Sonne der Wahrheit durch alle materiellen Wolken hindurchscheint und Sein Glanz das All durchflutet.

Laßt die Angelegenheiten des Körpers nicht das himmlische

Licht des Geistes trüben, damit ihr durch die göttliche Gnadenfülle mit den Kindern Gottes in Sein ewiges Königreich eingeht.

Dies ist mein Gebet für euch alle.

## 13.

## RELIGIÖSE VORURTEILE

*27. Oktober 1911*

Die Grundlage der Lehre Bahá'u'lláhs ist die Einheit des Menschengeschlechtes, und Sein größtes Verlangen war, daß Liebe und Wohlwollen in den Menschenherzen leben möchten.

So, wie Er die Menschen aufrief, Streit und Mißklang abzutun, so wünsche ich, euch den Hauptgrund für die Unruhe unter den Völkern zu erklären. Die wichtigste Ursache ist die falsche Darstellung der Religion durch die religiösen Führer und Lehrer. Sie lehren ihre Anhänger zu glauben, daß ihre eigene Form der Religion die einzige sei, die Gott gefällt, und daß der alliebende Vater die Anhänger jeder anderen Einstellung verdammt und Seiner Gnade und Gunst benommen hat. Dadurch bildet sich unter den Völkern Ablehnung, Mißachtung, Streit und Haß heraus. Vermöchte man, diese religiösen Vorurteile hinwegzufegen, so würden sich die Völker bald des Friedens und der Eintracht freuen.

Ich war einmal in Tiberias, wo die Juden einen Tempel haben. Ich hielt mich in einem Hause auf, das dem Tempel gerade gegenüber lag, und sah und hörte den Rabbi zu seiner Judengemeinde sprechen, und er sagte:

„O Juden, ihr seid wahrhaftig das Volk Gottes! Alle übrigen Rassen und Religionen sind vom Teufel. Gott hat euch zu Abkömmlingen Abrahams erschaffen und Seine Segnungen über euch ergossen. Zu euch sandte Gott Moses, Jakob und Josef und viele andere große Propheten. Diese Propheten waren, einer und alle, eurer Rasse.

Es war für euch, daß Gott die Macht des Pharao brach und

die Austrocknung des Roten Meeres gebot. Zu euch auch sandte Er Manna herab zur Speise, und aus dem steinigen Felsen gab Er euch Wasser, um den Durst zu stillen. Ihr seid fürwahr das auserwählte Volk Gottes, ihr steht über allen Rassen der Erde! Darum sind alle anderen Rassen vor Gott ein Greuel und verdammt durch Ihn. Ihr werdet wahrlich die Welt beherrschen und unterwerfen, und alle Menschen werden eure Knechte werden.

Entweiht euch nicht dadurch, daß ihr mit Leuten umgeht, die nicht für eure eigene Religion sind, befreundet euch nicht mit solchen Menschen."

Als der Rabbi seine beredte Ansprache beendet hatte, waren seine Zuhörer von Freude und Genugtuung erfüllt. Es ist unmöglich, euch ihre Glückseligkeit zu beschreiben!

Ach! Irregeführte Menschen wie diese sind die Ursache der Trennung und des Hasses auf Erden. Noch heute gibt es Millionen von Menschen, die Götzen anbeten, und die großen Religionen der Welt betrügen einander. Dreizehnhundert Jahre lang haben Christen und Mohammedaner im Kampf gelegen, während doch ihre Meinungsverschiedenheiten und Streitigkeiten mit sehr geringer Mühe zu überwinden wären und Friede und Eintracht unter ihnen herrschen und die Welt in Ruhe leben könnte.

Wir lesen im Qur'án, daß Muḥammad Seine Anhänger mit den Worten ansprach:

„Weshalb glaubt ihr nicht an Christus und das Evangelium? Warum wollt ihr Moses und die Propheten nicht anerkennen, ist doch die Bibel gewißlich das Buch Gottes? Wahrhaftig, Moses ist ein erhabener Prophet, und Jesus war erfüllt vom Heiligen Geiste. Er kam in die Welt durch die Macht Gottes, war geboren aus dem Heiligen Geiste und der gesegneten Jungfrau Maria. Maria, Seine Mutter, war eine Heilige des Himmels. Sie verbrachte ihre Tage betend im Tempel, und es kam ihr Nahrung von oben zu. Ihr Vater, Zacharias, kam zu ihr und fragte sie, von wannen die Nahrung käme, und Maria, antwortete ihm: „Von oben". Gewißlich gab Gott der Maria, daß sie über alle anderen Frauen erhoben werde."

Das ist, was Muḥammad Sein Volk hinsichtlich Jesu und

Mose lehrte. Er warf ihnen vor, daß sie nicht an diese großen Lehrer glaubten und gab ihnen die Lehren der Wahrheit und der Duldsamkeit. Muḥammad war von Gott gesandt, um unter einem Volk zu wirken, das so wild und unzivilisiert wie Tiere war. Es hatte keinerlei Verständnis und kein Gefühl für Liebe, Zuneigung und Mitleid. Die Frauen waren so erniedrigt und verachtet, daß die Männer ihre Töchter lebendig begraben durften, und sie hatten so viele Frauen zu Sklaven, als sie nur wünschten.

Unter diese halbvertierten Menschen wurde Muḥammad gesandt mit Seiner göttlichen Botschaft. Er lehrte das Volk, daß der Götzendienst falsch sei und daß es sich vor Christus, Moses und den Propheten beugen sollte. Unter Seinem Einfluß wurde es zu einem erleuchteteren und zivilisierteren Volk, und es erhob sich aus dem Zustand der Erniedrigung, in dem Er es vorgefunden hatte. War dies nicht ein gutes Werk und aller Anerkennung, Hochachtung und Liebe wert?

Schaut auf das Evangelium des Herrn Christus und seht, wie herrlich es ist! Und doch versäumen Menschen noch heute, seine unschätzbare Schönheit zu begreifen, und sie mißdeuten seine Worte der Weisheit.

Christus verbot den Krieg. Als Sein Jünger Petrus, in der Absicht, Seinen Herrn zu verteidigen, das Ohr des Hohenpriesterknechtes abschlug, sagte Christus zu ihm: „Stecke dein Schwert ein"[1]). Und doch streiten die Menschen, trotz des ausdrücklichen Befehls des Herrn, zu Dessen Dienst sie sich bekennen, immer noch. Sie führen Krieg und töten einander, und Seine Ratschläge und Lehren scheinen ganz vergessen.

Doch ihr dürft nicht etwa die Meister und Propheten für die Übeltaten ihrer Anhänger belasten. Wenn die Priester, Lehrer und Menschen ein Leben führen, das im Gegensatz zur Religion steht, die sie angeblich befolgen — ist das wohl ein Mangel Christi oder der übrigen Lehrer?

Das Volk des Islám wurde gelehrt, zu erkennen, daß Christus von Gott kam und aus dem Geist geboren war und daß Er von allen Menschen gepriesen werden müßte. Moses war ein Pro-

---

[1]) Joh. 18, 11.

phet Gottes und offenbarte an Seinem Tag und für das Volk, zu dem Er gesandt ward, das Buch Gottes.

Muḥammad erkannte die erhabene Majestät Christi und die Größe Mose und der Propheten an. Wollte nur die Welt die Erhabenheit Muḥammads und aller himmelentsandten Lehrer anerkennen, so würden Streit und Hader bald von der Erdoberfläche verschwinden und das Reich Gottes unter die Menschen kommen.

Die Menschen des Islám, die Christus erheben, werden nicht dadurch erniedrigt.

Christus war der Prophet der Christen, Moses derjenige der Juden — warum sollten die Anhänger eines jeden Propheten nicht die übrigen Propheten gleicherweise anerkennen und ehren? Wenn die Menschen nur die Lehre des gegenseitigen Duldens, Verstehens und brüderlichen Liebens lernten, würde die Einheit der Welt alsbald vollendete Tat sein.

Bahá'u'lláh verwandte Sein Leben, um diese Lehre der Liebe und Einigkeit zu geben. So laßt uns denn alle Vorurteile und alle Unduldsamkeit hinwegtun und voll mit Herz und Seele danach streben, Verständnis und Einigkeit zwischen Christen und Mohammedanern zu bewirken.

## 14.

## GOTTES WOHLTATEN FÜR DEN MENSCHEN

*Avenue de Camoens 4, den 27. Oktober 1911*

Gott allein ordnet alle Dinge und ist allmächtig. Warum dann schickt Er Seinen Dienern Prüfungen?

Die Prüfungen des Menschen sind von zweierlei Art:

Erstens: Folgen seines eigenen Handelns, wenn jemand z. B. zu viel ißt und dadurch Verdauungsstörungen erleidet, oder Gift nimmt und infolgedessen krank wird oder stirbt. Wenn jemand spielt, so wird er Geld einbüßen, wenn er viel trinkt, das Gleichgewicht verlieren. Alle diese Leiden werden durch den Menschen selbst verursacht. Es ist darum völlig klar, daß gewisse Leiden das Ergebnis unserer eigenen Taten sind.

Zweitens: Eine andere Art von Leiden überkommt die Getreuen Gottes. Denkt an die großen Trübsale, die Christus und Seine Apostel litten!

Wer am meisten leidet, der wird die größte Vervollkommnung erfahren.

Wer viel um Christi willen zu leiden wünscht, muß seine Aufrichtigkeit beweisen, wer sein Verlangen nach großen Opfern kundgibt, kann die Wahrheit nur durch Taten dartun. Hiob bezeugte die Treue seiner Liebe zu Gott, indem er sowohl in seiner großen Trübsal als auch in den Erfolgen seines Lebens treu blieb. Die Apostel Christi, die alle ihre Prüfungen und Leiden standhaft trugen — bekundeten sie damit nicht ihre Treue? War ihr Ausharren nicht der beste Beweis dafür?

Diese Leiden sind nun ausgelitten.

Kaiphas lebte ein behagliches und glückliches Leben, während Petri Leben voller Sorge und Prüfung war. Wer von beiden ist beneidenswerter? Sicher würden wir den gegenwärtigen Zustand Petri wählen, besitzt er doch unvergängliches Leben, während Kaiphas ewige Schande erlangt hat. Die Prüfungen Petri erprobten seine Treue. Kummer und Sorge überkommen uns nicht zufällig, sie werden uns vielmehr durch die göttliche Gnade zu unserer eigenen Vervollkommnung gesandt.

Solange ein Mensch glücklich ist, mag er wohl Gott vergessen, doch wenn ihn Kummer ankommt und Sorge überwältigt, wird er sich des Vaters, der im Himmel ist und ihn aus seiner Erniedrigung zu befreien vermag, erinnern.

Menschen, die nicht leiden, erfahren keine Vervollkommnung. Die vom Gärtner am stärksten beschnittene Pflanze wird, wenn der Sommer kommt, die schönsten Blüten und die üppigsten Früchte bringen.

Der Landmann furcht die Erde mit dem Pflug, und aus einem solchen Boden erwächst die reiche und volle Ernte. Je mehr ein Mensch geläutert wird, desto größer ist die Ernte der geistigen Tugenden, die aus ihm hervorgehen. Ein Soldat gibt keinen guten General ab, ehe er nicht in der heftigsten Front des Kampfes war und tiefste Wunden empfangen hat.

Das Gebet der Propheten Gottes war allezeit und ist noch immer: O Gott! Ich sehne mich danach, mein Leben auf dem

Weg zu Dir dahinzugeben. Es verlangt mich, mein Blut für Dich zu vergießen und das höchste Opfer darzubringen.

## 15.

## SCHÖNHEIT UND HARMONIE IN DER MANNIGFALTIGKEIT

*28. Oktober 1911*

Der Schöpfer alles Erschaffenen ist e i n Gott.

Aus diesem gleichen Gott trat alles Erschaffene ins Dasein, und Er ist das eine Ziel, nach dem alles in der Natur Verlangen trägt. Diese Auffassung fand in den Worten Christi Ausdruck, als Er sagte: „Ich bin das Alpha und das Omega, der Anfang und das Ende." Der Mensch ist die Summe der Schöpfung, und der vollkommene Mensch ist der Ausdruck für den vollendeten Gedanken des Schöpfers — das Wort Gottes.

Betrachtet die Welt der erschaffenen Wesen, wie diese verschiedenartig und mannigfach in der Art und doch eines einzigen Ursprungs sind. Alle in die Erscheinung tretenden Unterschiede sind solche der äußeren Form und Farbe. Diese Mannigfaltigkeit der Typen ist in der gesamten Natur erkennbar.

Seht einen schönen Garten voll Blumen, Büschen und Bäumen an. Jegliche Blume hat einen anderen Reiz, eine besondere Schönheit, ihren eigenen köstlichen Duft und ihre eigene schöne Farbe. Und auch die Bäume: wie abwechslungsreich sind sie in der Größe, im Wachstum und im Laubwerk, und welche Verschiedenheit an Früchten bringen sie hervor! Trotzdem entspringen alle diese Blumen, Büsche und Bäume dem gleichen Boden, die gleiche Sonne scheint über sie, und die gleichen Wolken geben ihnen Regen.

So ist es auch mit der Menschheit. Sie wird aus vielen Rassen gebildet, und ihre Völker sind verschiedener Farbe, weiß, schwarz, gelb, braun oder rot, doch alle kommen sie vom gleichen Gott, und alle sind sie Seine Diener. Diese Mannigfaltigkeit innerhalb der Menschenkinder hat unglücklicherweise nicht die gleiche Wirkung wie innerhalb der pflanzlichen Schöpfung, bei welcher der zutage tretende Geist harmonischer ist. Unter den Menschen besteht die Mannigfaltigkeit der Feindschaft, und sie ist es, die Krieg und Haß unter den verschiedenen Nationen der Welt hervorruft.

Verschiedenheiten, die nur solche des Blutes sind, lassen sie auch einander vernichten und töten. Ach, daß dies noch immer sein muß! Laßt uns lieber auf die Schönheit in der Mannigfaltigkeit, die Schönheit des Zusammenklanges schauen und vom Pflanzenreich lernen. Würdet ihr einen Garten schauen, in dem alle Pflanzen der Form, der Farbe und dem Duft nach gleich sind, er würde euch ganz und gar nicht schön, sondern weit eher eintönig und langweilig erscheinen. Der Garten, der dem Auge gefällt und das Herz erfreut, ist der Garten, in dem nebeneinander Blumen aller Tönungen, Formen und Düfte wachsen, und der freudige Gegensatz der Farben macht den Reiz und die Schönheit aus. So ist es auch mit den Bäumen. Ein Obstgarten voller Fruchtbäume ist ein Entzücken, und ebenso eine Pflanzung, die mit vielen Arten von Büschen bestanden ist. Gerade die Mannigfaltigkeit und das Vielerlei macht ihren Reiz aus. Jede Blume, jeder Baum und jede Frucht bringt außer ihrer Schönheit in sich durch ihren Gegensatz auch die Eigenschaften der übrigen hervor und zeigt zum Nutzen die besondere Lieblichkeit eines jeden und aller.

So sollte es auch unter den Menschenkindern sein!

Die Mannigfaltigkeit innerhalb der menschlichen Familie müßte die Ursache der Liebe und des Zusammenklanges sein, wie in der Musik, bei der viele verschiedene Noten in einem vollkommenen Akkord ineinander wirken. Wenn ihr mit Menschen anderer Rasse und Farbe als der eurigen zusammenkommt, so seid nicht mißtrauisch gegen sie und zieht euch nicht in das Schneckenhaus herkömmlicher Förmlichkeit zurück, sondern seid froh und erzeigt ihnen Güte. Denkt an sie wie an verschiedenfarbige Rosen, die im schönen Garten der Menschheit wachsen, und freut euch, daß ihr unter ihnen seid.

Auch wenn ihr Menschen trefft, deren Meinung von der euren abweicht, kehrt euch nicht ab von ihnen, alle suchen die Wahrheit, und es gibt vielerlei Wege, die zu ihr führen. Wahrheit kann verschieden erscheinen, doch bleibt sie immer und ewig eine.

Laßt nicht Verschiedenheiten der Meinung oder Mannigfaltigkeit des Denkens euch von eurem Nebenmenschen trennen oder in euren Herzen zur Ursache von Wortstreit, Haß und Hader werden.

Forschet vielmehr fleißig der Wahrheit nach und machet alle Menschen zu euren Freunden.

Jeder Bau besteht aus vielen verschiedenen Steinen, und doch hängt jeder Stein derartig von den übrigen ab, daß das ganze Gebäude leiden würde, wollte man nur einen davon verrücken. Ist ein Stein fehlerhaft, so ist das ganze Gefüge unvollkommen.

Bahá'u'lláh hat den Kreis der Einigkeit geschlagen. Er hat einen Plan geschaffen, um alle Völker zu vereinen und sie alle unter dem schützenden Zelt der allumfassenden Einheit zu versammeln. Dies ist das Werk der göttlichen Freigebigkeit, und wir alle müssen uns mit Herz und Seele mühen, bis wir die Einheit tatsächlich in unserer Mitte haben, und in dem Maß, in dem wir arbeiten, werden wir Kraft empfangen. Laßt von allen Gedanken des Ichs ab und bestrebt euch, allein dem Willen Gottes gehorsam und ergeben zu sein. So nur werden wir Bürger des Reiches Gottes werden und zum ewigen Leben finden.

## 16.

## DER WAHRE SINN DER PROPHEZEIUNGEN VOM KOMMEN CHRISTI

*30. Oktober 1911*

Die Bibel enthält Prophezeiungen über das Kommen Christi. Die Juden erwarten noch immer das Kommen des Messias und beten Tag und Nacht zu Gott, daß Er sein Kommen beschleunigen möge.

Als Christus kam, verrieten und töteten sie Ihn mit den

Worten: „Dies ist nicht der von uns Erwartete. Siehe, wenn der Messias kommt, werden Zeichen und Wunder bezeugen, daß Er in der Tat der Christ ist. Wir kennen die Zeichen und Gegebenheiten, und sie sind nicht erschienen. Der Messias wird aus einer unbekannten Stadt hervorgehen. Er wird auf dem Throne Davids sitzen und siehe, Er wird kommen mit einem Schwert von Stahl und mit einem eisernen Stabe herrschen! Er wird das Gesetz der Propheten erfüllen. Er wird den Osten und den Westen erobern und Sein erwähltes Volk, die Juden, erheben. Er wird ein Reich des Friedens mit Sich bringen, während welchem selbst die Tiere aufhören werden, mit dem Menschen feind zu sein. Denn siehe, Wolf und Lamm werden aus e i n e r Quelle trinken, und Löwe und Reh auf gleicher Weide lagern. Schlange und Maus werden das Nest miteinander teilen und alle Geschöpfe Gottes in Ruhe leben."

Nach Meinung der Juden erfüllte Jesus Christus keine dieser Gegebenheiten, denn ihre Augen waren gehalten, und sie vermochten nicht zu erkennen.

Er kam aus Nazareth, einem Orte, der nicht unbekannt war. Er trug kein Schwert, nicht einmal einen Stock, in der Hand. Er saß nicht auf dem Throne Davids und war arm. Er gestaltete das Gesetz Mose um und brach den Sabbat. Er eroberte weder den Osten noch den Westen, sondern war Selber den römischen Gesetzen untertan. Er erhob nicht die Juden, sondern lehrte Gleichheit und Brüderlichkeit und tadelte die Schriftgelehrten und Pharisäer. Er brachte kein Reich des Friedens herauf, denn zu Seinen Lebzeiten wuchsen Ungerechtigkeit und Grausamkeit derartig an, daß Er ihnen selbst zum Opfer fiel und einen schimpflichen Tod am Kreuz starb.

So dachten und sprachen die Juden, denn sie begriffen weder die Schriften noch die in ihnen enthaltene herrliche Wahrheit. Sie hatten die Buchstaben auswendig gelernt, verstanden aber kein einziges Wort vom lebenspendenden Geiste.

Hört zu, und ich will euch den Sinn davon zeigen. Obwohl Er aus Nazareth, einem bekannten Ort, kam, kam Er doch auch vom Himmel, Sein Körper wurde durch Maria geboren, aber Sein Geist kam vom Himmel. Das Schwert, das Er führte, war das Schwert Seiner Zunge, mit dem Er den Guten vom Bösen, das Echte vom Falschen, den Gläubigen vom Ungläubigen und das Licht von der Finsternis schied. Sein Wort war in der Tat ein scharfgeschliffenes Schwert!

Der Thron auf dem Er saß, war der ewige Thron, von dem aus Christus auf immer herrscht, ein himmlischer und kein irdischer Thron, denn das Irdische vergeht, Himmlisches aber wird nicht vergehen. Er gab dem Gesetze Mose eine erneuerte Deutung, vollendete es und erfüllte das Gesetz der Propheten. Sein Wort eroberte den Osten und den Westen, Sein Reich ist ewig. Er erhob die Juden, die Ihn anerkannten. Es waren Männer und Frauen von schlichter Herkunft, aber die Verbindung mit Ihm machte sie groß und verlieh ihnen unvergängliche Würde. Die Tiere, die beisammen leben sollten, bedeuteten die verschiedenen Sekten und Rassen, die einst gegeneinander im Kampfe standen, jetzt aber in Liebe und Güte wohnen und miteinander das Wasser des Lebens aus Christus, der ewigen Quelle, trinken.

So wurden alle auf das Kommen Christi bezüglichen geistigen Prophezeiungen erfüllt, aber die Juden schlossen ihre Augen, um nicht zu sehen, und ihre Ohren, um nicht zu hören, und die göttliche Wirklichkeit Christi ging mitten unter ihnen hindurch, ohne gehört, geliebt und erkannt zu werden.

Es ist leicht, die Heiligen Schriften zu lesen, aber ihr wahrer Sinn läßt sich nur mit reinem Herzen und reiner Seele begreifen. Laßt uns Gottes Hilfe erbitten, daß sie uns fähig macht, die Heiligen Bücher zu verstehen. Laßt uns um Augen zu sehen und um Ohren zu hören beten und um Herzen, die sich nach Frieden sehnen.

Gottes ewige Gnade ist unermeßlich. Er hat immer gewisse Seelen auserwählt, über die Er die göttliche Gnadenfülle Seines Herzens ausgoß, deren Geist Er mit himmlischem Licht erhellt, denen Er die heiligen Verborgenheiten offenbart und für deren Augen Er den Spiegel der Wahrheit klar erhalten hat. Sie sind die Jünger Gottes, und Seine Güte hat keine Grenzen. Auch ihr, die ihr Diener des Höchsten seid, könnt Jünger werden. Die Schatzkammern Gottes sind unerschöpflich.

Der Geist, der durch die Heiligen Schriften weht, ist Stillung für jeden Hunger. Gott, der Seinen Propheten die Offenbarung gab, wird gewiß aus Seiner Fülle heraus allen tägliches Brot gewähren, die Ihn ehrlich darum bitten.

## 17.

## DER HEILIGE GEIST ALS DIE VERMITTELNDE KRAFT ZWISCHEN GOTT UND DEM MENSCHEN

*Avenue de Camoens 4, den 31. Oktober 1911*

Die Göttliche Wirklichkeit ist unausdenkbar, grenzenlos, ewig, unvergänglich und unsichtbar.

Die Welt der Schöpfung ist durch Naturgesetze gebunden, endlich und vergänglich.

Von der unendlichen Wirklichkeit kann nicht gesagt werden, daß sie herauf- oder herabsteigt. Sie ist jenseits des menschlichen Begreifens und läßt sich nicht mit Ausdrücken beschreiben, die dem Erscheinungsbereich der erschaffenen Welt entsprechen.

Der Mensch bedarf darum dringend der einzigen Kraft, durch die er Hilfe aus der göttlichen Wirklichkeit zu empfangen vermag, der Kraft, die ihn allein mit der Quelle alles Lebens in Verbindung bringt.

Ein Mittel ist erforderlich, um zwei Extreme zueinander in Beziehung zu bringen. Reichtum und Armut, Fülle und Mangel: ohne vermittelnde Macht wäre keine Beziehung zwischen diesen beiden Gegensatzpaaren möglich.

So können wir sagen, daß es einen Mittler zwischen Gott und den Menschen geben muß, und dieser ist kein anderer als der Heilige Geist, der die erschaffene Erde mit dem „Unausdenkbaren“, mit der göttlichen Wirklichkeit, in Beziehung bringt.

Wir mögen die göttliche Wirklichkeit mit der Sonne und den Heiligen Geist mit den Sonnenstrahlen vergleichen. Wie die Sonnenstrahlen das Licht und die Wärme der Sonne zur Erde bringen und damit allem Erschaffenen Leben geben, so bringen die „Manifestationen“[1]) die Kraft des Heiligen Geistes von der göttlichen Sonne der Wirklichkeit, damit sie den Menschenseelen Licht und Leben spenden.

Beachtet wohl: es bedarf eines Mittlers zwischen der Sonne und der Erde. Die Sonne steigt weder zur Erde hernieder, noch steigt die Erde zur Sonne empor. Diese Verbindung wird durch die Sonnenstrahlen geschaffen, die Licht und Wärme und Hitze bringen.

Der Heilige Geist ist das Licht der Sonne der Wahrheit, das durch seine unendliche Kraft der gesamten Menschheit Leben und Erleuchtung bringt, alle Seelen mit göttlichem Glanz überflutet und der ganzen Welt die Segnungen der Gnade Gottes übermittelt. Die Erde vermöchte ohne das Mittel der Sonnenwärme und des Sonnenlichtes keine Segnungen von der Sonne zu empfangen.

So ist auch der Heilige Geist die eigentliche Ursache des Lebens im Menschen. Ohne den Heiligen Geist besäße er keine Erkenntnisfähigkeit, wäre er nicht im Stande, sich die wissenschaftlichen Kenntnisse anzueignen, durch die er seinen großen Einfluß über den übrigen Schöpfungskreis gewinnt. Die Erleuchtung durch den Heiligen Geist verleiht dem Menschen die Macht des Denkens und gibt ihm die Möglichkeit, Entdeckungen zu machen, durch die er die Naturgesetze seinem Willen beugt.

Es ist der Heilige Geist, der durch die Vermittlung der Propheten Gottes den Menschen geistige Tugenden lehrt und ihn befähigt, ewiges Leben zu erlangen.

Alle diese Segnungen werden dem Menschen durch den Heiligen Geist gebracht. Deshalb können wir verstehen, daß der Heilige Geist der Mittler zwischen dem Schöpfer und dem Erschaffenen ist. Sonnenlicht und Hitze lassen die Erde fruchtbar werden, sie erwecken alles, was Wachstum hat, zum Leben, und der Heilige Geist erquickt die Seelen der Menschen.

Die beiden großen Apostel, Petrus und der Evangelist Johannes, waren ursprünglich schlichte Werkner, die sich um ihr tägliches Brot bemühten. Durch die Kraft des Heiligen Geistes

---

[1]) Die Manifestationen Gottes.

wurden ihre Seelen erleuchtet, und sie empfingen die ewigen Segnungen des Herrn Christus.

18.

## DIE BEIDEN NATUREN IM MENSCHEN

*1. November 1911*

Heute ist in Paris ein Tag der Freude. Man begeht das Fest „Aller Heiligen“. Weshalb wohl meint ihr, daß man diese Menschen „Heilige“ genannt hat? Das Wort hat eine sehr greifbare Bedeutung. Ein Heiliger ist jemand, der ein Leben der Reinheit führt, jemand, der sich von aller menschlichen Schwäche und Unvollkommenheit befreit hat.

Im Menschen sind zwei Naturen: seine geistige oder höhere und seine materielle oder niedere Natur. In der einen nähert er sich Gott, wogegen er in der anderen nur der Welt lebt. Von beiden Naturen finden sich im Menschen Zeichen. In seiner materiellen Art bringt er Lüge, Grausamkeit und Ungerechtigkeit zum Ausdruck, die alle seiner niederen Natur entspringen. Die Eigenschaften seiner göttlichen Natur erscheinen als Liebe, Erbarmen, Güte, Wahrheit und Gerechtigkeit, und sie sind eine wie die andere Ausdruck seines höheren Wesens. Alles gute Gebaren, jeder edle Zug gehört der geistigen Natur des Menschen an, wogegen alle seine Unzulänglichkeiten und bösen Taten aus seiner materiellen Wesensart heraus geboren werden. Überwiegt bei einem Menschen die göttliche Natur gegenüber der menschlichen, so haben wir einen Heiligen.

Der Mensch hat die Kraft zum Guten wie auch zum Bösen. Wenn die Kraft zum Guten vorherrscht und seine Neigungen zum Unrechten überwunden werden, mag der Mensch mit Recht als Heiliger bezeichnet werden. Doch wenn er stattdessen das, was Gottes ist, verwirft und seine üblen Leidenschaften über sich siegen läßt, ist er nicht besser als die bloßen Tiere.

Heilige sind Menschen, die sich von der Welt des Stoffes freigemacht und die Sünde überwunden haben. Sie leben in der

Welt, sind aber nicht von ihr, weil ihre Gedanken dauernd in der Welt des Geistes weilen. Sie verbringen ihr Leben in Heiligkeit, und ihre Taten zeigen Liebe, Gerechtigkeit und Frömmigkeit. Sie werden aus der Höhe erleuchtet und sind wie helle, scheinende Lampen in den dunklen Plätzen der Erde. Das sind die Heiligen Gottes. Die Apostel, die Jünger Christi, waren genau wie andere Menschen. Gleich den übrigen wurden sie durch die weltlichen Dinge angezogen, und jeder dachte nur an seinen eigenen Vorteil. Sie wußten nur wenig von Gerechtigkeit, und man fand bei ihnen keine göttlichen Vollkommenheiten. Als sie aber Christus anhingen und an Ihn glaubten, wich ihre Unwissenheit der Einsicht, die Härte wurde in Gerechtigkeit, die Unwahrheit in Wahrheit und die Dunkelheit in Licht verwandelt. Waren sie zuvor weltlich, wurden sie jetzt geistig und göttlich. Sie waren Kinder der Finsternis gewesen und wurden Gottessöhne, Heilige! Bemühet euch darum, in ihren Fußstapfen zu folgen, indem ihr alles Weltliche zurückläßt und danach strebt, ins Geistige Reich zu gelangen.

Bittet Gott, daß Er euch in der göttlichen Tugend stärke, damit ihr in der Welt wie Engel und Flammenzeichen werdet und allen, die begreifenden Herzens sind, die Geheimnisse des Himmelreiches auftut.

Gott sandte Seine Propheten in die Welt, um den Menschen zu belehren und zu erleuchten, ihm das Geheimnis der Macht des Heiligen Geistes zu erklären und ihn zu befähigen, das Licht zu spiegeln, so daß er seinerseits zur Ursache der Rechtleitung für andere werde. Die Himmlischen Bücher, die Bibel, der Qur'án und die übrigen Heiligen Schriften wurden von Gott als Weiser auf dem Pfad zu göttlicher Tugend, Liebe, Gerechtigkeit und Frieden dargeboten.

Darum sage ich euch: bemühet euch, die Ratschläge dieser gesegneten Bücher zu befolgen, und auf diese Weise euer Leben so zu ordnen, daß ihr getreu den gegebenen Beispielen zu Heiligen des Höchsten werdet!

## 19.

## MATERIELLER UND GEISTIGER FORTSCHRITT

*2. November 1911*

'Abdu'l-Bahá sprach:

Wie schön ist doch das Wetter heute, der Himmel ist klar, die Sonne strahlt, und das menschliche Herz wird froh dabei!

Durch ein so helles und schönes Wetter wird der Mensch belebt und neu gestärkt, und wenn er krank war, fühlt er im Herzen wieder freudige Genesungshoffnung. Alle diese Gaben der Natur betreffen den physischen Teil des Menschen, denn nur sein Körper kann stoffliche Segnungen empfangen.

Wenn ein Mensch in seinem Geschäft, in der Kunst oder sonst im Beruf Erfolg hat, so wird er dadurch in die Lage versetzt, sein physisches Wohlergehen zu heben und seinem Körper ein Maß von Annehmlichkeit und Wohlbehagen zu geben, bei dem er sich wohlfühlt. Wir sehen heute rings um uns, wie sich der Mensch mit aller neuzeitlichen Bequemlichkeit und Pracht umgibt und seiner physischen, materiellen Seite nichts versagt. Doch seid auf der Hut, daß ihr über der allzustarken Beachtung der körperlichen Angelegenheiten nicht die Bedürfnisse der Seele hintenan stellt, denn der materielle Gewinn vermag den Geist des Menschen nicht zu heben. Vervollkommnung in weltlichen Dingen bringt dem menschlichen Körper Freude, verherrlicht aber keineswegs die Seele.

Es mag geschehen, daß jemand, dem alle materiellen Vorteile zur Verfügung stehen und der in der größtmöglichen Behaglichkeit moderner Zivilisation lebt, doch aller wichtigen Gaben des Heiligen Geistes bar ist.

Gewiß ist materieller Fortschritt gut und lobenswert, doch sollen wir darüber nicht den wichtigeren geistigen Fortschritt außer acht lassen und nicht die Augen für das göttliche Licht verschließen, das unter uns leuchtet.

Nur dadurch, daß wir im Geistigen sowohl als auch im Materiellen wachsen, können wir wirklich vorwärts kommen und vollkommene Wesen werden. Um der Übermittlung dieses geistigen Lebens und Lichtes willen sind alle großen Lehrer in der Welt erschienen. Sie kamen, damit die Sonne der Wahrheit offenbar sei und in den Menschenherzen leuchte, auf daß die Menschen durch ihre wundersame Macht zu ewigem Licht gelangen.

Als der Herr Christus kam, goß Er das Licht des Heiligen Geistes über alle aus, die um Ihn waren, und Seine Jünger und alle, die Sein Licht empfingen, wurden erleuchtete, geistige Wesen.

Es war um der Offenbarung dieses Lichtes willen, daß Bahá'u'lláh geboren wurde und in die Welt kam. Er lehrte die Menschen ewige Wahrheit und breitete die Strahlen göttlichen Lichtes über alle Länder.

Seht indessen, wie der Mensch dieses Licht mißachtet! Er schreitet noch immer auf seinem Weg der Finsternis weiter, und noch immer sehen wir Uneinigkeit, Zank und wilde Kriege.

Er benutzt den materiellen Fortschritt, um seine Kriegslust zu befriedigen und schafft Zerstörungswerkzeuge und -mittel, um seinen Brudermenschen zu vernichten.

Wir aber wollen uns bemühen, geistigen Nutzen zu gewinnen, ist dies doch der einzige Weg des wahren Fortschritts, das, was von Gott herrührt und allein von Gott ist.

Ich bete für jeden von euch und für euch alle, daß euch die Gaben des Heiligen Geistes zufallen mögen. So werdet ihr wahrhaftig erleuchtet werden und euch immer vorwärts und empor zum Gottesreich entwickeln. Dann werden eure Herzen für den Empfang der Frohen Botschaften bereit und eure Augen aufgetan sein, so daß ihr Gottes Herrlichkeit erblickt. Eure Ohren werden hören, ihr werdet den Ruf des Königreichs vernehmen und mit gelöster Zunge den Menschen Gottes Macht und Liebe ins Bewußtsein rufen!

20.

## DIE ENTWICKLUNG DES STOFFES UND DIE ENTFALTUNG DER SEELE

*3. November 1911*

In Paris beginnt es kalt zu werden, so kalt, daß ich bald fortgehen muß; aber die Wärme eurer Liebe hält mich hier noch fest. Mit Gottes Willen hoffe ich, noch ein Weilchen unter euch zu sein. Physische Kälte und Hitze können nicht den Geist berühren, denn die Liebe Gottes gibt ihm Wärme. Wenn wir dies begreifen, fangen wir auch an, einen Begriff vom Leben in der nächsten Welt zu erhalten.

Gott hat uns in Seiner Freigebigkeit schon hier einen Vorgeschmack bereitet und uns gewisse Beweise für den Unterschied gegeben, der zwischen dem Körper, der Seele und dem Geist besteht.

Wir sehen, daß Kälte, Hitze, Leiden und so weiter nur den Körper betreffen. Der Geist wird nicht davon berührt.

Wie oft sehen wir Menschen, die arm, krank, elend angezogen, ohne Unterhalt und dennoch geistig stark sind. Was auch der Körper leiden mag, ihr Geist ist frei und wohl. Und wiederum, wie oft sehen wir Reiche, physisch kräftig und gesund, und doch mit einer Seele, die todkrank ist.

Für den schauenden Sinn ist es ganz klar, daß der Geist des Menschen etwas ist, das sich sehr von seinem physischen Körper unterscheidet.

Der Geist ist unveränderlich, unzerstörbar. Der Fortschritt und die Entfaltung der Seele, ihre Freude und Sorge, sind vom physischen Körper unabhängig.

Wenn ein Freund uns Freude oder Leid bereitet, wenn sich eine Liebe als echt oder falsch erweist, immer ist es die Seele, die berührt wird. Wenn unsere Lieben fern von uns sind — die Seele ist es, die sich grämt, und der Gram oder der seelische Kummer mag eine Auswirkung im Körper haben.

Wird daher der Geist mit heiligen Tugenden genährt, so ist

der Körper freudig, fällt die Seele in Sünden, so liegt der Körper in Qualen.

Wenn wir Wahrheit, Beständigkeit, Treue und Liebe finden, sind wir glücklich, doch wenn wir auf Lüge, Treulosigkeit und Falschheit treffen, sind wir unglücklich.

Dies alles ist der Seele eigen und keine körperliche Krankheit. Daraus ergibt sich, daß die Seele gleich dem Körper ihre besondere Eigenart besitzt. Wenn nun der Körper einen Wandel durchmacht, so braucht dadurch nicht auch der Geist berührt zu werden. Wenn ihr ein Spiegelglas zerbrecht, auf das die Sonne schien, so ist das Glas zerbrochen, die Sonne aber scheint noch immer. Wenn ein Käfig, in dem ein Vogel ist, zerstört wird, bleibt der Vogel unverletzt. Wenn ein Lampenzylinder springt, kann doch die Flamme noch hell weiterbrennen.

Das gleiche gilt für den Geist des Menschen. Wenn auch der Tod seinen Körper zerstört, so hat er doch keine Macht über seinen Geist, der ewig, dauernd und frei von Geburt und Tod ist.

Was die Seele des Menschen nach dem Tod betrifft, so bewahrt sie den Grad der Reinheit, zu dem sie sich während des Lebens im physischen Körper entfaltet hat, und nach ihrer Befreiung vom Körper bleibt sie vom Meer der Gnade Gottes überflutet.

Von dem Augenblick an, da die Seele den Körper verläßt und in die himmlische Welt gelangt, ist ihre Entwicklung geistig, und diese Entwicklung ist die A n n ä h e r u n g z u G o t t. In der physischen Schöpfung erfolgt die Entwicklung von einer Stufe der Vervollkommnung zur anderen. Das Mineral geht mit seinen mineralischen Vollkommenheiten ins Pflanzliche über, die Pflanze geht mit ihren Vervollkommnungen in die Tierwelt und weiter in die Welt des Menschen ein. Diese Welt ist voll von scheinbaren Widersprüchen: in jedem dieser Reiche (dem mineralischen, dem pflanzlichen und dem tierischen) besteht das Leben auf seiner Stufe, und obgleich die Erde im Vergleich zum Leben des Menschen tot erscheint, lebt doch auch sie und hat sie ein Leben, das ihrer Art entspricht. In dieser Welt hier leben und sterben die Dinge und leben sie aufs neue in anderen Formen des Lebens, aber in der Welt des Geistes ist es völlig anders.

Die Seele entwickelt sich nicht gesetzmäßig von Stufe zu Stufe, sie entfaltet sich durch Gottes Gnade und Freigebigkeit nur näher zu Gott hin.

Es ist mein ernstes Gebet, daß wir alle im Reiche Gottes und Ihm nah sein mögen.

## 21.

## DIE GEISTIGEN VERSAMMLUNGEN IN PARIS

*4. November 1911*

In ganz Europa hört man heute von Tagungen und Versammlungen, und es werden Gesellschaften aller Art gebildet. Da gibt es solche, die dem Handel, der Wissenschaft und der Politik gewidmet sind, und viele andere. Sie alle dienen materiellen Zwecken, denn sie wollen den Fortschritt und die Aufklärung der materiellen Welt. Doch selten nur trifft sie ein Hauch der geistigen Welt. Sie haben offenbar kein Bewußtsein für die göttliche Stimme und sind achtlos gegenüber den Angelegenheiten Gottes. Diese Zusammenkunft in Paris hingegen ist eine wahrhaft geistige. Der göttliche Hauch weht mitten unter euch, und das Licht des Himmelreiches scheint in allen Herzen. Die Gottesliebe ist unter euch mächtig, und ihr empfangt mit dürstenden Seelen die frohen Botschaften einer großen Freude.

Ihr alle habt euch hier einhellig, Herz an Herz, zusammengefunden, Seelen, die voll göttlicher Liebe überfließen und deren Wirken und Sehnen der Einigkeit der Welt gilt.

Dies ist wahrhaftig eine geistige Versammlung! Sie ist wie ein schöner dufterfüllter Garten. Auf sie ergießt die himmlische Sonne ihre goldenen Strahlen, die mit ihrer Wärme jedes wartende Herz durchdringen und erfreuen. Die Liebe Christi, die alles Wissen übersteigt, ist unter euch, der Heilige Geist ist eure Hilfe.

Tag um Tag wird diese Versammlung wachsen und an Kraft gewinnen, bis daß ihr Geist die ganze Welt erobert.

Versucht von ganzem Herzen, willige Kanäle für Gottes Segensüberfluß zu werden, denn ich sage euch, daß Er euch als Boten Seiner Liebe für die ganze Welt erkoren hat, als Träger Seiner geistigen Gaben für den Menschen und zu Mitteln, die der Verbreitung von Einigkeit und Harmonie auf Erden dienen. Danket Gott aus Herzensgrund, daß euch ein derartiges Vorrecht eingeräumt ward, denn ein Leben voller Dank ist nicht zu lang, um Gott für eine solche Gunst zu danken.

Hebt eure Herzen über die Gegenwart hinaus und blickt mit gläubigen Augen in die Zukunft. Jetzt ist die Zeit der Saat, der Same fällt zu Boden, aber siehe, der Tag wird kommen, da aus ihm ein herrlicher Baum ersteht, und seine Zweige werden reiche Früchte tragen. Jubelt und seid froh, daß dieser Tag heraufstieg. Trachtet, seine Macht zu erkennen, denn er ist wahrhaft wunderbar. Gott hat euch eine Krone aufs Haupt gesetzt und einen strahlenden Stern ins Herz gegeben. Wahrlich, ihr Leuchten wird die ganze Welt erhellen.

## 22.

## DIE BEIDEN ARTEN DES LICHTES

*5. November 1911*

Heut ist das Wetter dunkel und trübe. Im Osten ist dauernder Sonnenschein, die Sterne sind immer klar, und nur sehr selten treten Wolken auf. Das Licht erhebt sich immer im Osten und sendet seinen Glanz nach Westen.

Es gibt zwei Arten von Licht. Das eine ist das sichtbare Licht der Sonne, mit dessen Hilfe wir die Schönheiten der Welt um uns erkennen können, und ohne dieses Licht vermöchten wir nichts zu sehen. Aber obwohl dieses Licht die Dinge für uns sichtbar macht, kann es uns doch nicht die Fähigkeit des Sehens und des Verständnisses für ihre verschiedenen Reize geben, da es keinen Verstand und kein Bewußtsein hat. Es ist vielmehr das Licht der Erkenntniskraft, das Wissen und Verständnis gibt, und ohne diese Erleuchtung wäre das physische Auge zwecklos.

Dieses Licht der Erkenntniskraft ist das höchste unter den Lichtern, denn es ist aus dem göttlichen Licht geboren.

Das Licht der Erkenntniskraft befähigt uns, die Dinge der Schöpfung zu erkennen und zu fassen, und nur das göttliche Licht kann uns das Auge für das Unsichtbare öffnen und uns Wahrheiten erblicken lassen, die für die Welt erst nach Jahrtausenden sichtbar werden.

Es war das göttliche Licht, das die Propheten schauen ließ, was sich nach zwei Jahrtausenden ereignen würde, und heute sehen wir, wie sich ihre Schau verwirklicht. Dies ist die Art des Lichtes, dessen Suchen wir erstreben müssen, ist es doch größer als jedes andere.

Durch dieses Licht vermochte Moses, die göttliche Erscheinung zu erblicken und zu erfassen und die himmlische Stimme zu vernehmen, die zu Ihm aus dem Brennenden Busch sprach[1]).

Von diesem Licht spricht Muḥammad, wenn Er sagt: „Alláh ist das Licht der Himmel und der Erde."

Sucht dieses himmlische Licht von ganzem Herzen, damit ihr fähig werdet, die Wahrheiten zu verstehen, damit ihr um Gottes Verborgenheiten wisset, damit die verborgenen Wege vor euch sichtbar werden.

Dieses Licht läßt sich mit einem Spiegel vergleichen, und wie der Spiegel alles wiedergibt, was vor ihm ist, so zeigt dieses Licht unserem geistigen Auge alles, was in Gottes Reich besteht, und läßt es die Wirklichkeit der Dinge sichtbar werden. Mit Hilfe dieses strahlenden Lichtes wurden alle geistigen Erklärungen der Heiligen Schriften klargemacht, sind die Verborgenheiten in Gottes All zutage getreten und wurden wir befähigt, die göttlichen Absichten für den Menschen zu verstehen.

Ich bete darum, daß Gott in Seiner Barmherzigkeit eure Herzen und Seelen mit Seinem herrlichen Licht erleuchten möge. Dann wird ein jeder von euch wie ein leuchtender Stern an den Dunkelplätzen der Erde scheinen.

---

[1]) Exodus 3,2.

## 23.

## GEISTIGES STREBEN IM WESTEN

*6. November 1911*

'Abdu'l-Bahá sprach: Ihr seid hoch willkommen! Ich bin aus den östlichen Ländern in den Westen gekommen, um eine Weile unter euch zu wohnen. Im Osten sagt man oft, daß die Menschen des Westens keine Geistigkeit besäßen, aber ich habe das nicht gefunden. Gott sei Dank, ich sehe und fühle, daß sehr viel geistiges Streben unter den westlichen Völkern ist und daß sogar ihr geistiges Wahrnehmungsvermögen gelegentlich stärker ist als das ihrer östlichen Brüder. Wenn die Lehre, die im Osten gegeben wurde, im Westen gewissenhaft verbreitet worden wäre, so würde die Welt jetzt ein erleuchteter Platz sein.

Obwohl sich in der Vergangenheit alle großen geistigen Lehrer im Osten erhoben haben, sind doch dort noch viele Menschen, die aller Geistigkeit ermangeln. In bezug auf das Geistige sind sie leblos wie ein Stein, und sie wollen es auch nicht anders, denn sie halten den Menschen lediglich für eine höhere Form des Tieres und dafür, daß die Sachen Gottes ihn nicht betreffen.

Aber des Menschen Ehrgeiz sollte sich darüber erheben. Er sollte immer über sich blicken, immer auf- und vorwärts, bis er durch Gottes Barmherzigkeit zum Himmelreich gelangt.

Wiederum gibt es Menschen, deren Augen nur für den physischen Fortschritt und die Entwicklung in der Welt des Stoffes offen sind. Diese Menschen ziehen es vor, die Ähnlichkeit zwischen ihrem physischen Körper und dem des Affen zu studieren, statt die herrliche Verwandtschaft zwischen ihrem Geiste und dem Geiste Gottes zu betrachten. Das ist tatsächlich seltsam, gleicht doch der Mensch nur körperlich der niederen Schöpfung. Hinsichtlich seiner Erkenntnisfähigkeit ist er völlig anders.

Der Mensch befindet sich in ständigem Fortschritt. Der Kreis seines Wissens weitet sich fortwährend, und seine geistigen Regungen durchfließen viele und verschiedenerlei Kanäle. Siehe, was der Mensch auf dem Gebiet der Wissenschaft vollbracht hat, betrachte seine vielen Entdeckungen und ungezählten Erfindungen und sein tiefes Begreifen der Naturgesetze!

In der Welt der Kunst ist es genau so, und diese wunderbare Entwicklung der menschlichen Fähigkeiten vollzieht sich immer schneller, je mehr die Zeit vorangeht. Wenn die Entdeckungen, Erfindungen und materiellen Leistungen der letzten fünfzehnhundert Jahre zusammengezogen werden könnten, so würdet ihr gewahren, daß in den letzten hundert Jahren ein größerer Fortschritt stattfand, als in den vierzehn voraufgegangenen Jahrhunderten. Denn die Schnelligkeit, mit der der Mensch voraneilt, wächst von Jahrhundert zu Jahrhundert.

Die Erkenntniskraft ist eine der größten Gaben Gottes an den Menschen. Sie ist die Kraft, die ihn zu einem höheren Geschöpf, als es das Tier ist, macht. Denn während von Jahrhundert zu Jahrhundert und von Zeitalter zu Zeitalter die Erkenntniskraft des Menschen wächst und stets durchdringender wird, bleibt die der Tiere unverändert. Sie sind am heutigen Tage nicht intelligenter als vor tausend Jahren. Bedarf es noch eines größeren Beweises, um die Verschiedenheit der Menschen von der tierischen Schöpfung darzutun? Er ist gewiß so klar wie der Tag.

Was aber die geistigen Vollkommenheiten anbetrifft, so sind sie des Menschen angeborenes Recht, und sie gehören unter allem Erschaffenen nur ihm an. Der Mensch ist seiner Wirklichkeit nach ein geistiges Wesen, und nur wenn er im Geiste lebt, ist er tatsächlich glücklich. Dieses geistige Verlangen und Empfinden besitzen alle Menschen gleicherweise, und es ist meine feste Überzeugung, daß die westlichen Menschen großes geistiges Streben haben.

Es ist mein inständiges Gebet, daß der Stern des Ostens seine glänzenden Strahlen über die westliche Welt ergießen möge und die Völker des Westens sich mit Stärke, Ernst und Mut erheben, um ihren Brüdern im Osten beizustehen.

24.

## VORTRAG IN EINEM STUDIO IN PARIS

*6. November 1911*

Dies ist ein wirkliches Bahá'í-Haus. Sooft derartige Häuser oder Versammlungsstätten entstehen, tragen sie in größtem Maße zur allgemeinen Entfaltung der Stadt und des Landes, dem sie angehören, bei. Sie werden zur Anregung für Wissen und Wissenschaften und bekannt für die starke Geistigkeit und Liebe, die von ihnen auf die Menschen ausströmen.

Die Schaffung solcher Versammlungsstätten hat immer größtes Wohlergehen im Gefolge. Die erste Bahá'í-Versammlung, die in Teheran bestand, war überaus gesegnet. Im Laufe eines Jahres war sie derart angewachsen, daß ihre Mitgliederzahl das neunfache der anfänglichen Zahl erreichte. Heute gibt es im fernen Persien viele solche Versammlungen, in denen die Gottesfreunde in vollster Freude, Liebe und Einigkeit zusammenkommen. Sie lehren die Sache Gottes, erziehen die Unwissenden und vereinen die Herzen in brüderlicher Güte. Sie sind es, die den Armen und Bedürftigen helfen und das tägliche Brot gewähren. Sie lieben und betreuen die Kranken und sind Boten der Hoffnung und des Trostes für die Verlassenen und Unterdrückten.

Oh, ihr, die ihr in Paris seid, strebt danach, daß eure Versammlungen wie jene seien und sogar noch größere Früchte tragen.

O Freunde Gottes, wenn ihr auf Gottes Wort vertraut und stark seid, wenn ihr die Gebote Bahá'u'lláhs befolgt, durch die euch geheißen wird, die Kranken zu betreuen, die Gefallenen aufzurichten, für die Armen und Bedürftigen zu sorgen, die Hilflosen zu beschützen, die Unterdrückten zu beschirmen, die Bekümmerten zu trösten und die Menschenwelt von Herzen gern zu haben, dann, sage ich euch, wird diese Versammlungsstätte bald eine wunderbare Ernte sehen. Tag für Tag wird jedes Mitglied Fortschritte machen und in wachsendem Maße geistig werden. Doch müßt ihr eine sichere Grundlage besitzen, und eure Ziele und Bestrebungen müssen von jedem Mitglied klar verstanden werden. Dies sollen eure Ziele sein:

Erstens, der ganzen Menschheit Mitgefühl und guten Willen zu erzeigen,

Zweitens, der Menschheit Dienste zu erweisen,

Drittens, sich zu bemühen, die Menschen, die im Dunkel sind, zu führen und zu erleuchten,

Viertens, zu jedem Menschen gütig zu sein und jeder lebenden Seele Zuneigung zu erzeigen,

Fünftens, demütig in eurer Haltung gegenüber Gott zu sein und anhaltend zu Ihm zu beten, damit ihr Gott tagtäglich näher kommt,

Sechstens, getreu und aufrichtig in allen euren Handlungen zu sein, so daß jedes Mitglied dafür bekannt sei, daß es die Eigenschaften der Ehrenhaftigkeit, der Liebe, des Glaubens, der Güte, der Großmut und der Unerschrockenheit verkörpert. Ihr müßt von allem, das nicht Gott ist, losgelöst sein und vom göttlichen Odem angezogen — göttliche Seelen, auf daß die Welt erfahre, daß ein Bahá'í ein vollkommenes Wesen ist.

Bemühet euch, diese Ziele in diesen Versammlungen zu erreichen. Dann werdet ihr, die Freunde Gottes, wirklich und in Wahrheit mit großer Freudigkeit zusammenkommen. Helfet einander, werdet wie e i n Mensch, der die vollkommene Einigkeit erreicht hat.

Ich bete zu Gott, daß ihr mit jedem Tag an Geistigkeit gewinnen möget, daß Gottes Liebe immer mehr in euch erscheine, daß die Gedanken, die ihr im Herzen habt, geläutert werden und euer Angesicht Ihm immer zugekehrt sei. Möchtet ihr euch allesamt der Schwelle der Einheit nähern und das Königreich betreten! Möchte ein jeder von euch wie eine lodernde Fackel sein, die durch die Gottesliebe entzündet ist und hellauf leuchtet!

## 25.

## BAHÁ'U'LLÁH

*7. November 1911*

'Abdu'l-Bahá sprach:

Ich will euch heute von Bahá'u'lláh erzählen. Im dritten Jahr, nachdem der Báb Seine Mission erklärt hatte, wurde Bahá'u'lláh von fanatischen Mullahs des Glaubens an die neue Lehre angeklagt, verhaftet und gefangen gesetzt. Am nächsten Tag jedoch veranlaßten einige Minister der Regierung und andere einflußreiche Männer, daß man Ihn wieder frei ließ. Später wurde Er erneut verhaftet, und die Priester verurteilten Ihn zum Tode. Der Statthalter konnte sich nicht entschließen, dieses Urteil zu vollstrecken, da er einen Aufruhr fürchtete. Die Priester versammelten sich in der Moschee, vor der der Richtplatz war. Die ganze Stadtbevölkerung rottete sich außerhalb der Moschee zusammen. Die Zimmerleute brachten ihre Sägen und Hämmer mit, die Metzger kamen mit ihren Messern, die Maurer und Baumeister schulterten die Spaten. Durch die rasenden Mullahs aufgestachelt, brannten diese Menschen alle auf ihren Anteil an der Ehre, Ihn zu töten. Im Inneren der Moschee befanden sich die Religionsgelehrten. Bahá'u'lláh stand ihnen gegenüber und beantwortete alle ihre Fragen mit großer Weisheit. Besonders der Oberste der Weisen wurde durch Bahá'u'lláh, der dessen Beweisgründe sämtlich widerlegte, ganz zum Schweigen gebracht.

Zwischen zweien dieser Priester erhob sich ein Meinungsstreit über den Sinn einiger Worte in den Schriften des Báb. Sie ziehen Ihn der Ungenauigkeit und forderten Bahá'u'lláh auf, Ihn zu verteidigen, wenn Er dazu imstande wäre. Diese Priester wurden vollständig gedemütigt, denn Bahá'u'lláh bewies vor der ganzen Versammlung, daß der Báb vollkommen im Recht und die Anklage aus Unwissenheit erhoben worden war.

Darauf unterzogen Ihn die Unterlegenen der Folterung durch Stockschläge auf die Fußsohlen, um Ihn dann, in immer rasenderer Wut, vor die Moscheemauer auf die Richtstätte zu bringen, wo das Volk Sein Kommen erwartete.

Der Statthalter aber scheute sich noch immer, der Forderung der Priester auf Hinrichtung zu entsprechen. Die Gefahr erkennend, in die man den edlen Gefangenen gebracht hatte, wurden einige Männer ausgesandt, um Ihn zu retten. Es gelang ihnen, indem sie ein Stück aus der Moscheewand brachen und Bahá'u'lláh durch die Öffnung an einen sicheren Ort, aber nicht an einen solchen der Freiheit, brachten, denn der Statthalter wälzte die Verantwortung von seinen Schultern ab und sandte Ihn nach Teheran. Hier warf man Ihn in ein unterirdisches Gelaß, in dem man nie das Licht des Tages sah. Eine schwere Kette wurde Ihm um den Hals gelegt, die Ihn an fünf andere Bábís fesselte. Diese Fesseln wurden durch starke und sehr schwere Bolzen und Verschraubungen zusammengeschlossen. Seine Kleider waren ebenso wie Sein Fez in Fetzen gerissen. In diesem schrecklichen Zustand wurde Er vier Monate lang gefangen gehalten.

Während dieser Zeit gelang es keinem Seiner Freunde, Zutritt zu Ihm zu erhalten.

Ein Gefängnisbeamter versuchte, Ihn zu vergiften, doch hatte das Gift, außer den großen Leiden, die es Ihm bereitete, keine Wirkung.

Nach einiger Zeit setzte Ihn die Regierung in Freiheit und verbannte Ihn und Seine Familie nach Baghdád, wo er elf Jahre blieb. In dieser Zeit hatte Er schwere Verfolgungen zu erdulden, da Er vom immer wachen Haß Seiner Feinde umgeben war.

Er ertrug alle Trübsal und Qualen mit größtem Mut und Festigkeit. Oft wußte Er, wenn Er Sich des Morgens erhob, nicht, ob Er bis zum Sonnenuntergang noch leben würde. Unterdessen kamen täglich Priester und befragten Ihn über Religion und Metaphysik.

Schließlich verbannte Ihn der türkische Statthalter nach Konstantinopel, von wo aus man Ihn nach Adrianopel schickte. Hier blieb Er fünf Jahre lang. Dann brachte man Ihn in die entlegene Festung 'Akká, wo Er in die Militärabteilung gesperrt und strenger Bewachung unterworfen wurde. Die Worte würden mir fehlen, wollte ich von den vielen Prüfungen erzählen, die Er zu erdulden hatte, und von all dem Elend, das Er in dem Gefängnis litt. Nichtsdestoweniger war es dieses Gefängnis, von dem aus Bahá'u'lláh an alle Herrscher Europas schrieb, und diese Briefe wurden, bis auf einen, durch die Post gesandt.

Das Sendschreiben an Náṣir'i'-Dín Sháh wurde einem persischen Bahá'í, Mírza Badí Khurásání, anvertraut, der es unternahm, es in die Hand des Schahs zu übermitteln. Dieser Tapfere wartete in der Nähe von Teheran, bis der Schah vorüber käme, da der Schah die Absicht hatte, auf diesem Weg nach seinem Sommerpalast zu reisen. Der mutige Bote folgte dem Schah bis zum Palast und wartete dann mehrere Tage lang auf der Straße nahe dem Eingang. Man sah ihn immer am gleichen Platz am Straßenrande warten, bis sich die Leute wunderten, warum er dort sei. Schließlich hörte der Schah von ihm und befahl seinen Dienern, den Mann zu ihm zu bringen.

„O Diener des Schahs, ich bringe ein Schreiben, das ich ihm eigenhändig zu übergeben habe", sagte Badí, und dann sprach er zum Schah: „Ich bringe euch ein Schreiben von Bahá'u'lláh."

Er wurde sofort ergriffen und von Fragern ausgeforscht, um ihm Berichte zu entlocken, die sie bei ihren künftigen Verfolgungen Bahá'u'lláhs verwenden könnten. Badí erwiderte mit keinem Worte. Darauf wurde er gefoltert, aber er schwieg trotzdem weiter. Drei Tage später tötete man ihn, ohne ihn zum Sprechen gebracht zu haben. Diese grausamen Männer photographierten ihn während der Folter[1]).

Der Schah übergab das Schreiben Bahá'u'lláhs den Priestern, damit sie es ihm erklärten. Nach einigen Tagen teilten diese Priester dem Schah mit, daß der Brief von einem politischen Gegner stamme. Der Schah ergrimmte und sprach: „Das ist keine Erklärung. Ihr werdet von mir bezahlt, um meine Briefe zu lesen und zu beantworten, gehorcht daher!"

Der Sinn und die Bedeutung des Sendschreibens an Náṣir'i'-Dín Sháh war, kurz gesagt: „Da die Zeit für die Erscheinung der Herrlichkeit Gottes nun gekommen ist, bitte ich, nach Teheran kommen und die Fragen beantworten zu dürfen, die die Priester an Mich richten mögen."

„Ich ermahne euch, euch von der weltlichen Pracht eures

---

[1]) Ein Mann, der zugegen war, als Badí den Auftrag erhielt, den Brief zum Schah zu bringen, sah ihn verklärt; er wurde strahlend.

Reiches zu lösen. Denkt an alle jene großen Könige, die vor euch lebten! Ihre Herrlichkeit ist dahingegangen."

Der Brief war in äußerst schönem Stil geschrieben. Er enthielt noch weitere Warnungen an den König und kündete ihm vom kommenden Sieg des Reiches Bahá'u'lláhs in der Welt des Ostens wie des Westens.

Der Schah beachtete die Warnungen dieses Schreibens nicht und lebte in der alten Weise weiter bis ans Ende.

Obgleich Bahá'u'lláh gefangen war, so war doch die große Macht des Heiligen Geistes mit Ihm!

Niemand sonst hätte im Gefängnis so wie Er sein können. Trotz allem Ungemach, das Er erduldete, klagte Er nie.

In der Würde Seiner Erhabenheit lehnte Er es ab, den Statthalter oder die einflußreichen Persönlichkeiten der Stadt zu sehen.

Obwohl die Überwachung unablässig streng war, kam und ging Er doch, wie es Ihm beliebte. Er starb in einem Hause, das etwa drei Kilometer von 'Akká entfernt ist.

## 26.

## GUTE GEDANKEN MÜSSEN ZU TATEN WERDEN

*8. November 1911*

In der ganzen Welt hört man schöne Reden preisen und edle Lehren bewundern. Alle Menschen sagen, daß sie das Gute lieben und alles Übel hassen. Aufrichtigkeit sei bewundernswert, die Lüge hingegen verächtlich, Glaube sei Tugend und Treulosigkeit eine Schande für die Menschheit. Gesegnet sei es, die Menschenherzen zu beglücken, und unrecht, Kummer zu bereiten. Gütig und barmherzig zu sein sei recht, zu hassen hingegen Sünde. Gerechtigkeit sei eine edle Eigenschaft und Ungerechtigkeit ein Laster. Man sei verpflichtet, mitleidig zu sein und keinem Menschen weh zu tun, und Eifersucht und Bosheit müßten um jeden Preis gemieden werden. Gelehrsamkeit, nicht Unwissenheit, sei des Menschen Ruhm, das Licht und nicht das Dunkel! Gut sei es, das Angesicht Gott zuzuwenden, und töricht, Ihn nicht zu beachten. Es sei unsere Pflicht, den Menschen emporzuführen statt ihn irrezuführen und die Ursache seines Falls zu sein. So gibt es der Beispiele noch viele.

Doch alle diese Reden sind nichts als Worte, und wir sehen nur höchst wenige in die Welt der Tat versetzt. Wir bemerken im Gegenteil, daß die Menschen von Leidenschaft und Selbstsucht fortgerissen werden und jeder Mensch nur an das denkt, was ihm selbst von Nutzen sein kann, wenn es auch den Untergang des Bruders bedeutet. Sie sind alle begierig, ihr Glück zu machen, und achten wenig oder gar nicht auf das Wohlergehen anderer. Sie beschäftigen sich mit ihrem eigenen Frieden und Behagen, während die Lage ihrer Gefährten sie nicht im leisesten bekümmert.

Leider ist das der Weg, den die meisten Menschen gehen.

Aber die Bahá'í dürfen nicht so sein. Sie müssen sich über diesen Zustand erheben. Taten müssen für sie mehr als Worte sein. Durch ihre Taten müssen sie barmherzig sein und nicht durch ihre Worte. Sie müssen bei allen Gelegenheiten durch ihre Taten erhärten, was sie in Worten verkünden. Ihre Taten müssen ihre Treue beweisen und ihre Handlungen das göttliche Licht offenbaren.

Laßt eure Taten laut in die Welt hinausrufen, daß ihr wirkliche Bahá'í seid, denn es sind die Taten, die zur Welt sprechen und die Ursache des Fortschritts für die Menschheit sind.

Wenn wir wirkliche Bahá'í sind, bedarf es keines Redens. Unsere Taten werden die Welt weiterbringen, Zivilisation verbreiten, der Wissenschaft zum Fortschritt helfen und Künste sich entwickeln lassen. Ohne Taten läßt sich in der Welt des Stoffes nichts vollbringen, noch können Worte, die nicht durch Taten unterstützt sind, Menschen im Reich des Geistes fördern. Nicht durch bloßen Lippendienst sind die Erwählten Gottes zur Heiligkeit gekommen, sondern durch ein geduldiges Leben des tätigen Dienstes haben sie Licht in die Welt getragen.

Strebet darum, daß eure Taten tagtäglich wundervolle Gebete seien. Wendet euch zu Gott und versuchet immer, zu tun, was recht und edel ist. Unterstützt die Armen, richtet die Gefallenen auf, gebt den Bekümmerten Trost, bringt Heilung für die Kranken, stärkt die, die in Ängsten sind, befreit die Unterdrückten, macht den Hoffnungslosen Hoffnung und beschützet die Verlassenen!

Das ist die Arbeit eines wahren Bahá'í, und das ist es, was man von ihm erwartet. Sind wir bestrebt, all dies zu tun, dann sind wir wirkliche Bahá'í, doch wenn wir es unterlassen, sind wir keine Kinder des Lichtes, und wir haben kein Recht auf diesen Namen.

Gott, der in alle Herzen hineinschaut, weiß, wie wenig unser Leben die Erfüllung unserer Worte ist.

## 27.

## DIE WIRKLICHE BEDEUTUNG DER TAUFE DURCH WASSER UND FEUER

*9. November 1911*

Im Evangelium Johannis hat Christus gesagt: „Es sei denn, daß jemand geboren werde aus dem Wasser und Geist, so kann er nicht in das Reich Gottes kommen[1].“ Die Priester haben dies dahin gedeutet, daß die Taufe zur Erlösung nötig sei. In einem anderen Evangelium heißt es: „Er wird euch mit dem Heiligen Geiste und mit Feuer taufen[2].“

Daher sind das Wasser der Taufe und das Feuer eines. Das kann nicht bedeuten, daß das „Wasser“, von dem hier gesprochen ist, ein physisches Wasser sei, denn es ist das gerade Gegenteil von „Feuer“, und eines zerstört das andere. Wenn Christus in den Evangelien von „Wasser“ spricht, so meint Er das, was Leben verursacht, denn ohne Wasser kann ein irdisches Geschöpf nicht leben. Das Mineral, die Pflanze, das Tier und der Mensch, sie alle hängen im Dasein vom Wasser ab. Ja, die jüngsten wissenschaftlichen Entdeckun-

---

[1]) Johannes 3,5.
[2]) Matthäus 3,11.

gen bestätigen, daß selbst das Mineral eine gewisse Lebensform hat und ebenfalls Wasser für sein Dasein braucht.

Das Wasser ist die Ursache des Lebens, und wenn Christus von Wasser spricht, so versinnbildlicht Er das, was die Ursache des ewigen Lebens ist.

Dieses lebengebende Wasser, von dem Er spricht, ist wie das Feuer, denn es ist nichts anderes als die Liebe Gottes, und diese Liebe bedeutet für unsere Seelen Leben.

Durch das Feuer der Liebe Gottes wird der Schleier verbrannt, der uns von den himmlischen Wirklichkeiten trennt, und mit klarem Blicke werden wir fähig, uns vorwärts- und emporzukämpfen, auf den Pfaden der Tugend und Heiligkeit voranzuschreiten und ein Mittel der Erleuchtung für die Welt zu werden.

Es gibt nichts Größeres und Gesegneteres als die Liebe Gottes. Sie schenkt den Kranken Heilung, den Verwundeten Balsam, allen Menschen Freude und Trost, und nur durch sie kann der Mensch zu ewigem Leben kommen. Das Wesen aller Religionen ist die Liebe Gottes, und sie ist die Grundlage aller heiligen Lehren.

Es war die Liebe Gottes, die Abraham, Isaak und Jakob führte, die Joseph in Ägypten stärkte und Moses Mut und Geduld verlieh.

Durch die Liebe Gottes wurde Christus mit Seinem anfeuernden Beispiel des vollkommenen Lebens der Selbstaufopferung und Ergebenheit in die Welt gesandt und brachte Er den Menschen die Botschaft ewigen Lebens. Es war die Liebe Gottes, die Muḥammad Kraft gab, die Araber von der Stufe tierischer Erniedrigung zu einer höheren Daseinsstufe emporzuführen.

Gottes Liebe ist es, die den Báb getragen hat, die Ihn zu Seinem höchsten Opfer brachte und Seine Brust zum bereiten Ziel für tausend Kugeln machte.

Schließlich war es die Liebe Gottes, die dem Osten Bahá'u'lláh gab und die nun das Licht seiner Lehre weit in den Westen und von Pol zu Pol schickt.

Da ihr ihre Kraft und Schönheit wahrnehmt, ermahne ich euch, alle eure Gedanken, Worte und Taten zu opfern, um die Erkenntnis der Liebe Gottes in jedes Herz hineinzutragen.

## 28.

## VORTRAG IN DER „ALLIANCE SPIRITUALISTE"

*Salle de l'Athenée, St. Germain, Paris, 9. November 1911*

Ich möchte meiner Dankbarkeit für eure Gastfreundschaft und meiner Freude darüber Ausdruck geben, daß ihr geistig gesonnen seid. Ich bin froh, einer Versammlung wie dieser beizuwohnen, die zusammenkam, um einer göttlichen Botschaft zuzuhören. Wenn ihr mit dem Auge der Wirklichkeit schauen könntet, so würdet ihr große geistige Wogen an diesem Orte sehen. Die Kraft des Heiligen Geistes ist hier für alle. Preis sei Gott, daß eure Herzen von göttlicher Glut entfacht sind! Eure Seelen sind wie Wogen auf dem Meer des Geistes. Obwohl jeder einzelne eine gesonderte Welle ist, so ist das Meer doch eines. Alle sind in Gott verbunden.

Aus jedem Herzen sollte Einigkeit hervorstrahlen, damit das Licht des einen göttlichen Ursprungs aller hell und glänzend scheine. Wir sollten nicht nur die einzelnen Wogen sehen, sondern das ganze Meer. Wir sollten uns vom Einzelnen zum Ganzen erheben. Der Geist ist wie ein großes Meer, und seine Wogen sind die Seelen der Menschen.

In der Heiligen Schrift wird uns gesagt, daß das Neue Jerusalem auf Erden erscheinen werde. Nun ist es klar, daß diese himmlische Stadt nicht aus materiellen Steinen und Mörtel erbaut ist, sondern daß sie eine nicht mit Händen gemachte ewige Stadt in den Himmeln ist.

Es ist dies ein prophetisches Sinnbild und bedeutet die Wiederkehr der göttlichen Lehre zur Erleuchtung der Menschenherzen. Es ist lange her, daß diese heilige Führung über das Leben der Menschheit herrschte. Aber nun ist die heilige Stadt des Neuen Jerusalems endlich wieder in die Welt gekommen. Sie ist aufs neue unter einem östlichen Himmel erschienen. Von Persiens Horizont hat sich ihr Glanz erhoben, um zu einem Licht zu werden, das die ganze Welt erleuchtet. Wir sehen in diesen Tagen die Erfüllung der göttlichen Prophezeiung. Jerusalem war verschwunden, die himmlische Stadt zerstört. Nun ist sie wieder aufgerichtet. Sie war dem Erdboden gleichgemacht, doch nun sind ihre Mauern und Zinnen wiederhergestellt und ragen in ihrer neuen und erhabenen Schönheit hoch empor.

In der westlichen Welt hat der materielle Erfolg gesiegt, während im Osten die geistige Sonne aufgegangen ist.

Ich bin sehr glücklich, eine Versammlung wie diese in Paris zu sehen, in der geistiger und materieller Fortschritt in Einigkeit zusammentreffen.

Der Mensch — der wahre Mensch — ist Seele und nicht Körper. Obwohl der Mensch dem Körper nach zum Tierreich zählt, erhebt ihn seine Seele doch über die übrige Schöpfung. Sieh, wie die Welt des Stoffes durch das Sonnenlicht erleuchtet wird! In gleicher Weise ergießt das göttliche Licht seine Strahlen in das Reich der Seele. Es ist die Seele, die das menschliche Geschöpf zu einem himmlischen Wesen macht.

Durch die Macht des Heiligen Geistes, der durch die Seele wirkt, ist der Mensch imstande, die göttliche Wirklichkeit der Dinge wahrzunehmen. Alle großen Werke der Kunst und Wissenschaft sind Zeugen dieser Macht des Geistes.

Der gleiche Geist verleiht uns ewiges Leben.

Nur wer durch den göttlichen Geist getauft ist, wird imstande sein, alle Menschen durch die Bande der Einheit zu verbinden. Durch die Macht des Geistes vermag sich die östliche Denkwelt derart mit dem westlichen Tatreich zu vermischen, daß die Welt des Stoffes göttlich werden kann.

Daraus erhellt, daß jeder, der für den höchsten Plan wirkt, ein Soldat im Heer des Geistes ist.

Das Licht der himmlischen Welt kämpft gegen die Welt des Schattens und der Sinnestäuschung. Die Strahlen der Sonne der Wahrheit zerstreuen das Dunkel des Aberglaubens und des Mißverstehens.

Ihr seid aus dem Geiste! Zu euch, die ihr die Wahrheit sucht, wird die Offenbarung Bahá'u'lláhs wie eine große Freude kommen. Diese Lehre ist aus dem Geiste. In ihr ist kein Gebot, das nicht aus dem göttlichen Geiste wäre.

Der Geist kann nicht mit den stofflichen Sinnen des materiellen Körpers wahrgenommen werden, es sei denn, daß er in äußeren Zeichen und Werken zum Ausdruck kommt. Der menschliche Körper ist sichtbar, die Seele unsichtbar. Doch ist es die Seele, die die Fähigkeiten des Menschen steuert und seine menschliche Natur beherrscht.

Die Seele hat zwei Hauptfähigkeiten: Gleichwie die äußeren Umstände der Seele durch die Augen, die Ohren und das Gehirn des Menschen übermittelt werden, so teilt die Seele ihre Wünsche und Absichten durch das Gehirn den Händen und der Zunge des physischen Körpers mit und drückt sie sich dadurch aus. Der Geist in der Seele ist das wahre Wesen des Lebens. Die zweite Fähigkeit der Seele drückt sich in der Welt der Schau aus, wo die Seele, vom Geist bewohnt, ihr Dasein hat und ohne Hilfe der materiellen körperlichen Sinne wirkt. In diesem Reich des Schauens sieht die Seele ohne Hilfe des physischen Auges, hört sie ohne die Unterstützung des physischen Ohres und wandert sie unabhängig von physischer Bewegung. Es ist daher klar, daß der Geist in der Seele des Menschen durch den physischen Körper wirken kann, indem er sich der gewöhnlichen Sinnesorgane bedient, und daß er fähig ist, auch ohne ihre Hilfe in der Welt der Schau zu leben und zu handeln. Dies beweist zweifelsfrei die Überlegenheit der Seele des Menschen über seinen Körper, die Überlegenheit des Geistes über den Stoff.

Sieh beispielsweise diese Lampe an: Ist nicht das Licht in ihr der Lampe, die es in sich birgt, überlegen? Wie schön die Form der Lampe immer sein mag — wenn da kein Licht ist, wird ihr Zweck sich nicht erfüllen, wird sie ohne Leben, ein totes Ding sein. Die Lampe braucht das Licht, aber das Licht braucht nicht die Lampe.

Der Geist braucht keinen Körper, aber der Körper braucht den Geist, sonst kann er nicht leben. Die Seele kann ohne Körper leben, der Körper aber stirbt ohne die Seele.

Würde ein Mensch sein Auge, sein Gehör, die Hände oder Füße verlieren, doch seine Seele im Körper wohnen, so würde er leben und göttliche Tugenden offenbaren können. Dagegen wäre es für einen vollkommenen Körper unmöglich, ohne den Geist zu leben.

Die größte Macht des Heiligen Geistes ist in den göttlichen Offenbarungen der Wahrheit. Durch die Macht des Geistes wurde die himmlische Lehre in die Menschenwelt gebracht. Durch die Macht des Geistes ist das ewige Leben zu den Menschenkindern gekommen. Durch die Macht des Geistes hat die göttliche Herrlichkeit von Ost nach West gestrahlt, und durch die Macht des gleichen Geistes werden sich die göttlichen Tugenden der Menschheit offenbaren.

Unser größtes Bemühen muß auf die Loslösung von den Dingen dieser Welt gerichtet sein. Wir müssen danach streben, geistiger und strahlender zu werden, den Rat der göttlichen Lehre zu befolgen, uns dem Dienste der Sache der Einigkeit und wahren Gleichheit zu ergeben, Barmherzigkeit zu üben und die Liebe des Höchsten auf alle Menschen auszustrahlen, auf daß das Licht des Geistes in allen unseren Taten sichtbar und die ganze Menschheit dadurch vereinigt werde, damit sich ihr stürmisches Meer beruhigt und alle rauhen Wogen von der hinfort stillen und friedlichen Oberfläche der See des Lebens schwinden mögen. Dann wird die Menschheit das Neue Jerusalem erschauen, durch seine Pforten treten und die Gottesgabe empfangen.

Ich danke Gott, daß ich heute nachmittag bei euch zugegen war, und ich danke euch für eure geistigen Gefühle.

Ich bete, daß ihr im göttlichen Eifer wachsen möget und daß die Einigkeit im Geist an Kraft gewinne, auf daß sich die Prophezeiungen erfüllen und in diesem großen Jahrhundert des Lichtes Gottes alle in den Heiligen Büchern aufgezeichneten frohen Botschaften Ereignis werden. Dieses ist die herrliche Zeit, von welcher der Herr Jesus Christus sprach, als Er uns zu beten gebot: „Dein Reich komme, Dein Wille geschehe wie im Himmel also auch auf Erden.“ Ich hoffe, daß dies auch eure Erwartung und eure große Sehnsucht ist.

Wir sind in dem einen Ziel und Hoffen vereint, daß alle eins sein mögen und ein jedes Herz durch die Liebe unseres himmlischen Vaters, Gott, erleuchtet werde.

Möchten alle unsere Taten geistig und alle unsere Interessen und Neigungen auf das Reich der Herrlichkeit gerichtet sein!

29.

## DIE ENTWICKLUNG DES GEISTES

*Rue Greuze 15, Paris, 10. November 1911*

'Abdu'l-Bahá sprach:

Heute abend will ich von der Entwicklung oder den Fortschritten des Geistes sprechen.

Vollkommene Ruhe ist nicht in der Natur. Alles macht entweder Fortschritte oder es verliert sich. Alles bewegt sich vorwärts oder rückwärts. Nichts ist ohne Bewegung. Von seiner Geburt an entwickelt der Mensch sich körperlich, bis er die Reife erlangt. Wenn er dann die Höhe seines Lebens erreicht hat, beginnt er abzunehmen, Stärke und Kraft des Körpers lassen nach, und allmählich nähert er sich der Todesstunde.

Genau so schreitet eine Pflanze von der Saat zur Reife fort. Dann setzt ein Nachlassen des Lebens ein, sie geht dahin und stirbt zuletzt. Der Vogel steigt bis zu einer gewissen Höhe auf und läßt sich, wenn er den höchsten möglichen Punkt des Fluges erreicht hat, wieder zur Erde nieder.

So zeigt sich, daß die Bewegung allem Dasein eigen ist. Alle materiellen Dinge entwickeln sich bis zu einem gewissen Punkte, dann beginnen sie abzunehmen. Das ist das Gesetz, das in der ganzen physischen Schöpfung herrscht.

Betrachten wir nun die Seele: wir sahen, daß die Bewegung ein Wesenszug des Daseins ist und daß nichts, was Leben hat, bewegungslos ist. Die ganze Schöpfung, ob Mineral-, ob Pflanzen- oder Tierreich ist gezwungen, dem Gesetz der Bewegung zu gehorchen. Sie muß entweder aufwärts oder abwärts steigen. Aber die menschliche Seele kennt keinen Abstieg. Ihre einzige Bewegung ist auf Vervollkommnung gerichtet. Nur Wachstum und Fortschritt machen die Bewegung der Seele aus.

Die göttliche Vollkommenheit ist unendlich, daher ist der Fortschritt der Seele auch unendlich. Bereits mit der Geburt des Menschenwesens schreitet die Seele vorwärts, die Verstandeskräfte wachsen und die Erkenntnis weitet sich. Wenn dann der Körper stirbt, lebt doch die Seele weiter. All die verschiedenen

Stufen der erschaffenen physischen Wesen sind begrenzt, die Seele jedoch hat keine Grenzen.

In allen Religionen besteht der Glaube, daß die Seele den Tod des Körpers überdauert. Fürbitten werden für die geliebten Toten emporgesandt, Gebete für ihren Fortschritt und die Vergebung ihrer Sünden dargebracht. Ginge die Seele mit dem Körper unter, so wäre dies alles sinnlos, und wäre es für die Seele unmöglich, nach der Ablösung vom Körper zur Vollkommenheit fortzuschreiten, was nützte dann wohl alle diese liebevolle Hingebung des Betens?

Wir lesen in den heiligen Schriften, daß „alle guten Werke wiederkehren"[1]). Würde aber die Seele nicht weiterleben, so würde dies alles nichts bedeuten.

Wird nicht schon dadurch die Fortdauer des Daseins unserer aus der materiellen Welt geschiedenen Lieben dargetan, daß uns der sicher nicht umsonst verliehene geistige Instinkt antreibt, für ihr Wohlergehen zu bitten?

In der Welt des Geistes gibt es keinen Rückschritt. Die sterbliche Welt ist eine Welt der Widersprüche, der Gegensätze. Da Bewegung etwas Zwangsläufiges ist, muß alles entweder vorwärts oder rückwärts gehen. Im Reich des Geistes ist kein Rückgang möglich, alle Bewegung ist daran gebunden, einem vollkommenen Zustand zuzustreben. „Fortschritt" ist der Ausdruck des Geistes in der Welt des Stoffes. Die Intelligenz des Menschen, seine Urteilskraft, seine Erkenntnis, seine wissenschaftlichen Errungenschaften, sie alle haben, da sie Offenbarungen des Geistes sind, am unausweichlichen Gesetz des geistigen Fortschritts teil und sind darum notwendigerweise unvergänglich.

Es ist meine Hoffnung für euch, daß ihr sowohl in der Welt des Geistes, als auch in der Welt des Stoffes Fortschritte machet, daß sich eure Intelligenz entfaltet, eure Erkenntnis zunehmen und euer Verständnis weiten möge.

Ihr solltet immer vorwärtsdrängen, niemals stillestehen, jede Stockung, den ersten Schritt zur Rückbewegung, zum Verfall vermeiden.

---

[1]) d. h., alle guten Taten bergen ihren Lohn in sich.

Die ganze physische Schöpfung ist vergänglich. Diese materiellen Körper sind aus Atomen zusammengesetzt. Wenn ihre Atome anfangen, sich zu trennen, beginnt die Zersetzung. Dann ereignet sich das, was wir als Tod bezeichnen. Diese Zusammensetzung von Atomen, die den Körper, den sterblichen Teil eines jeden erschaffenen Wesens ausmacht, ist nur zeitlich. Wenn die Anziehungskraft, die diese Atome zusammenhält, zurückgezogen wird, so hört der Körper als solcher auf zu bestehen.

Mit der Seele ist es anders. Die Seele ist keine Verbindung von Elementen. Sie ist nicht aus vielen Atomen zusammengesetzt. Sie besteht aus etwas Unteilbarem und ist daher ewig. Sie steht gänzlich außerhalb des Ordnungsbereiches der physischen Schöpfung. Sie ist unsterblich.

Die naturwissenschaftliche Philosophie hat dargetan, daß ein e i n f a c h e s Element („einfach", in der Bedeutung von „nicht zusammengesetzt") unzerstörbar, ewig ist. Die Seele, die keine Zusammensetzung von Elementen ist, hat den Charakter eines einfachen Elementes und kann daher nicht aufhören zu bestehen.

Da die Seele aus jener einen unteilbaren Substanz besteht, läßt sie sich weder auflösen noch zerstören. Es gibt daher keinen Grund für ihr Ende. Alles Lebende gibt Zeichen eines Daseins. Dementsprechend könnten diese Zeichen nicht aus sich selbst bestehen, wenn das, was sie ausdrücken oder bezeugen, ohne Dasein wäre. Ein Ding, das nicht vorhanden ist, kann in der Tat kein Zeichen seines Daseins geben. Die mannigfachen Zeichen für das Vorhandensein des Geistes sind uns stets vor Augen.

Die Spuren des Geistes Jesu Christi, der Einfluß Seiner göttlichen Lehre, sind heute unter uns gegenwärtig und ewig. Etwas Nichtbestehendes kann nach unserer übereinstimmenden Meinung nicht durch Anzeichen erkannt werden. Um zu schreiben, muß ein Mensch vorhanden sein. Jemand, der nicht vorhanden ist, kann auch nicht schreiben. Das Schreiben an sich ist ein Zeichen für die Seele und die Intelligenz des Schreibers. Die Heiligen Schriften (mit der immer gleichbleibenden Lehre) beweisen die Fortdauer des Geistes.

Betrachtet den Zweck der Schöpfung: wäre es möglich, daß

alles nur erschaffen wurde, um sich durch zahllose Zeitalter hindurch mit einem so kleinen Ziel von ein paar Jahren menschlichen Erdenlebens zu entwickeln und zu entfalten? Ist es nicht undenkbar, daß dies der letzte Zweck des Daseins wäre?

Das Mineral entwickelt sich, bis es im Leben der Pflanze aufgeht. Die Pflanze wächst, bis sich ihr Leben im Tier verliert. Das Tier, das einen Bestandteil der menschlichen Nahrung bildet, geht wiederum im Leben des Menschen auf.

So zeigt sich, daß der Mensch die Summe der ganzen Schöpfung ist, das höchste aller erschaffenen Wesen, das Ziel, dem zahllose Daseinszeitalter entgegendrängten.

Der Mensch verbringt günstigenfalls viermal zwanzig und zehn Jahre in dieser Welt — fürwahr eine kurze Spanne!

Hört der Mensch zu bestehen auf, wenn er aus dem Körper scheidet? Wenn sein Leben ein Ende hat, ist alle vorangegangene Entwicklung nutzlos, alles umsonst gewesen. Können wir uns vorstellen, daß die Schöpfung kein höheres Ziel als dieses hat?

Die Seele ist ewig, unvergänglich.

Die Materialisten sagen: „Wo ist die Seele? Was ist sie? Wir können sie nicht sehen und nicht fühlen."

Wir müssen ihnen folgendermaßen erwidern: Wie große Fortschritte das Mineral auch machen mag, es kann die Pflanzenwelt nicht verstehen. Aber dieser Mangel an Verständnis beweist nicht etwa, daß die Pflanze nicht besteht.

Zu einem wie hohen Grade sich die Pflanze auch entfaltet haben mag, sie bleibt doch unfähig, die Tierwelt zu begreifen. Dieses Nichtwissen ist kein Beweis dafür, daß es kein Tier gibt. Wie hoch sich das Tier auch entwickelt haben mag, es kann sich weder den Verstand des Menschen vorstellen, noch die Natur seiner Seele erfassen. Doch beweist das wiederum nicht, daß der Mensch keinen Verstand oder keine Seele hätte. Es beweist nur, daß jede Daseinsform außerstande ist, eine höhere Form als die eigene zu begreifen.

Diese Blume mag sich eines Wesens von der Art des Menschen nicht bewußt werden, aber die Tatsache ihrer Unwissenheit ist kein Hemmnis für das Vorhandensein der Menschheit.

Wenn nun in gleicher Weise die Materialisten nicht an ein

Vorhandensein der Seele glauben, so beweist ihr Unglaube dennoch nicht, daß es kein Reich wie die Welt des Geistes gibt. Der Umstand, daß der Mensch Verstand besitzt, beweist seine Unsterblichkeit. Auch die Dunkelheit beweist die Anwesenheit des Lichtes, denn ohne Licht würde kein Schatten sein. Armut beweist das Vorhandensein von Reichtum; wie vermöchten wir sonst, die Armut zu ermessen? Unwissenheit beweist, daß Wissen vorhanden ist; denn wie könnte es Unwissenheit ohne Wissen geben?

Der Gedanke der Sterblichkeit setzt daher voraus, daß es eine Unsterblichkeit gibt; denn, wenn es kein ewiges Leben gäbe, würde es auch keine Möglichkeit geben, das Leben dieser Welt zu ermessen.

Wenn der Geist nicht unsterblich wäre, wie könnten dann wohl die Manifestationen Gottes so furchtbare Prüfungen erdulden?

Warum hat Christus Jesus den furchtbaren Kreuzestod erlitten?

Warum hat Muḥammad die Verfolgung ertragen?

Warum hat der Báb das höchste Opfer dargebracht, und warum verbrachte Bahá'u'lláh die Jahre Seines Lebens im Gefängnis?

Warum sollte sich all dies Leiden zugetragen haben, wenn nicht, um das ewige Leben des Geistes zu beweisen?

Christus litt. Er nahm alle Seine Prüfungen um der Unsterblichkeit Seines Geistes willen hin. Ein Mensch, der nachdenkt, wird die geistige Bedeutung des Gesetzes der Fortentwickelung verstehen, wie alles sich von der niederen Stufe zur höheren bewegt.

Nur ein Mensch, der kein Verständnis hat, kann bei Betrachtung dieser Dinge meinen, der große Schöpfungsplan könnte sich plötzlich nicht weiter entfalten, die Entwicklung zu einem so unangemessenen Ende kommen.

Materialisten, die so urteilen und bestreiten, daß wir fähig sind, die Welt des Geistes zu s e h e n oder die Segnungen Gottes wahrzunehmen, sind sicher wie Tiere, die keinen Verstand besitzen. Sie haben Augen und sehen nicht. Sie haben Ohren und hören nicht. Und dieser Mangel an Sehen und

Hören ist für nichts sonst ein Beweis als für ihre eigene Minderwertigkeit, von der wir im Qur'án lesen: „Sie sind Menschen, die blind und taub für den Geist sind.“ Sie bedienen sich nicht der großen Gabe Gottes, der Kraft des Verstandes, durch die sie mit den Augen des Geistes sehen, mit geistigen Ohren hören und mit göttlich erleuchteten Herzen verstehen könnten.

Die Unfähigkeit des materialistischen Geistes, den Gedanken des ewigen Lebens zu erfassen, ist kein Beweis für das Nichtvorhandensein jenes Lebens.

Das Begreifen jenes anderen Lebens hängt von unserer geistigen Geburt ab.

Es ist mein Gebet für euch, daß eure geistigen Fähigkeiten und euer geistiges Trachten täglich zunehmen mögen und daß ihr den materiellen Sinnen nie erlaubt, die Herrlichkeit der himmlischen Erleuchtung vor euren Augen zu verhüllen.

## 30.

## SEHNSUCHT UND GEBETE 'ABDU'L-BAHÁS

*15. November 1911*

'Abdu'l-Bahá sprach:

Ihr seid alle sehr willkommen und ich liebe euch alle innig.

Tag und Nacht bete ich für euch zum Himmel, daß ihr Kraft besitzen, daß ihr allesamt an den Segnungen Bahá'u'lláhs teilhaben und in das Himmelreich gelangen möget.

Ich flehe, daß ihr wie neue, vom göttlichen Licht erleuchtete Wesen und wie strahlende Lampen werdet, und daß sich von einem Ende Europas bis zum anderen die Erkenntnis der Liebe Gottes breite.

Möge diese grenzenlose Liebe eure Herzen und Sinne so erfüllen, daß in ihnen keine Traurigkeit mehr Raum hat und ihr euch wie Vögel mit freudigem Herzen zu dem göttlichen Strahlenglanz erhebet.

Möchten eure Herzen hell und rein wie glänzende Spiegel werden, aus denen die volle Herrlichkeit der Sonne der Wahrheit widerleuchtet.

Möchten sich eure Augen öffnen, um die Zeichen des Reiches Gottes zu erblicken, und eure Ohren offen sein, damit ihr mit vollkommenem Verständnis die himmlische Verkündigung hört, die mitten unter euch laut ist.

Möchten eure Seelen Hilfe und Trost empfangen und, so gestärkt, befähigt werden, im Einklang mit den Lehren Bahá'u'lláhs zu leben.

Ich bitte flehentlich für jeden und alle, daß ihr wie Flammen der Liebe in der Welt sein möget und daß die Helligkeit eures Lichts und die Wärme eurer Zuneigung zum Herzen eines jeden traurigen und bekümmerten Gotteskindes finden.

Möchtet ihr wie glänzende Sterne sein, die für immer im Königreiche leuchten und strahlen.

Ich rate euch, mit Ernst die Lehren Bahá'u'lláhs zu studieren, damit ihr mit Gottes Hilfe wirklich und wahrhaftig zu Bahá'í werdet.

## 31.

## ÜBER KÖRPER, SEELE UND GEIST

*Avenue de Camoens 4, Paris*
*Freitagmorgen, den 17. November 1911*

In der Menschenwelt gibt es drei Stufen: die des Körpers, die der Seele und die des Geistes.

Der Körper ist die physische oder tierische Stufe des Menschen. Vom Gesichtspunkt des Körpers aus betrachtet, hat der Mensch am Tierreich teil. Die Körper der Menschen und der Tiere bestehen gleichermaßen aus Grundstoffen, die durch das Gesetz der Anziehung zusammengehalten werden.

Gleich dem Tier besitzt der Mensch die Fähigkeit der Sinne. Er ist Hitze, Kälte, Hunger, Durst und so weiter unterworfen. Ungleich dem Tier jedoch hat der Mensch eine mit Vernunft begabte Seele, die menschliche Intelligenz.

Diese Intelligenz des Menschen ist der Mittler zwischen seinem Körper und seinem Geiste.

Wenn der Mensch durch seine Seele dem Geist gestattet, seinen Verstand zu erleuchten, dann umfaßt er die ganze Schöpfung. Da der Mensch der Gipfelpunkt all dessen ist, was voranging, und deshalb allen vorhergehenden Entwicklungen überlegen ist, schließt er in sich die ganze niedere Welt ein. Wenn der Mensch vom Geiste durch die Seele erleuchtet ist, so macht ihn seine strahlende Intelligenz zur Krone der Schöpfung.

Wenn der Mensch jedoch nicht Sinn und Herz den Segnungen des Geistes öffnet, sondern seine Seele der materiellen Seite, dem leiblichen Teil seines Wesens zukehrt, dann ist er von seinem hohen Platz herabgesunken und wird er geringer als die Bewohner des niedrigeren Tierreiches. In diesem Falle ist der Mensch in einem traurigen Zustand. Denn, wenn wir die geistigen Eigenschaften der Seele, die dem Odem des göttlichen Geistes offen sind, nie benutzen, schwinden sie, werden sie kraftlos und schließlich unbrauchbar, während die materiellen Eigenschaften der Seele, allein geübt, in furchtbarer Weise mächtig werden, und der unglückliche, mißleitete Mensch wird roher, ungerechter, gemeiner, grausamer, böswilliger als die niedrigeren Tiere. Wenn all sein Trachten und Begehren durch die niedrigere Seite seiner Seele Stärkung findet, wird er immer viehischer werden, bis nichts mehr in seinem Wesen dem des vergänglichen Tieres überlegen ist. Solche Menschen sinnen, Böses zu tun, zu schaden und zu zerstören. Sie ermangeln völlig des Geistes göttlichen Erbarmens, denn die himmlische Beschaffenheit der Seele ist dann unter die Herrschaft der materiellen Seite gekommen. Wenn dagegen die geistige Natur der Seele so gestärkt worden ist, daß sie die materielle bezwingt, dann nähert sich der Mensch dem Göttlichen. Sein Menschentum wird so veredelt, daß sich die Tugenden der himmlischen Gemeinschaft in ihm offenbaren. Er strahlt die Barmherzigkeit Gottes aus, er regt den geistigen Fortschritt der Menschheit an, denn er wird zu einer Lampe, die Licht auf ihren Weg ergießt.

Ihr seht, wie die Seele der Mittler zwischen dem Körper und dem Geist ist. Ebenso ist dieser Baum[1]) der Mittler zwischen Saat und Früchten. Wenn die Frucht des Baumes zum Vor-

---

[1]) Ein Orangenbäumchen auf einem nahen Tisch.

schein kommt und reif wird, wissen wir, daß der Baum vollkommen ist. Wenn der Baum nicht Früchte trüge, wäre er nur ein nutzloses Gewächs, das keinen Zweck hat!

Wenn eine Seele das geistige Leben in sich trägt, dann bringt sie gute Früchte hervor und wird sie zu einem göttlichen Baume. Ich wollte, ihr versuchtet, dieses Beispiel zu verstehen. Ich hoffe, daß die unaussprechliche Güte Gottes euch so stärken wird, daß die himmlische Eigenschaft eurer Seele, die sie mit dem Geist verknüpft, für immer über die materielle Seite herrschen und die Sinne in solchem Maße beeinflussen wird, daß eure Seele sich den Vollkommenheiten des himmlischen Reiches nähert. Möchte euer Angesicht in unverwandtem Blick auf das göttliche Licht so strahlend werden, daß alle eure Gedanken, Worte und Handlungen in dem beherrschenden geistigen Glanze eurer Seelen leuchten, auf daß euer Leben in den Versammlungen der Welt Vollkommenheit erkennen lasse.

Das Leben mancher Menschen befaßt sich lediglich mit den Dingen dieser Welt. Ihr Sinn bewegt sich derart in äußeren Sitten und überkommenen Neigungen, daß sie für alle anderen Daseinsbereiche und die geistigen Bedeutungen der Dinge blind sind. Ihre Gedanken und Träume gelten irdischem Ruhm und materiellem Fortschritt. Sinnesfreuden und Behaglichkeit begrenzen ihren Blick. Ihr höchster Ehrgeiz kreist um weltlich gegebene und geartete Erfolge. Sie halten ihre niederen Neigungen nicht im Zaume, essen, trinken und schlafen. Gleich dem Tier beschränken sich ihre Gedanken auf das eigene körperliche Wohlergehen. Sicher müssen diese Bedürfnisse befriedigt werden. Das Leben ist eine Last, die wir tragen müssen, solange wir auf Erden sind, doch sollten wir den Sorgen um die niederen Lebensdinge nicht gestatten, daß sie allein über das menschliche Dichten und Trachten herrschen. Des Herzens Streben sollte sich zu einem herrlicheren Ziel erheben, die geistige Regsamkeit auf eine höhere Ebene steigen. Die Menschen sollten in ihrer Seele das Abbild himmlischer Vollkommenheit tragen und dort den unerschöpflichen Segnungen des göttlichen Geistes einen Ort bereiten.

Setzt euren Ehrgeiz auf die Vollendung einer himmlischen Zivilisation auf Erden! Ich bitte für euch um den höchsten

Segen, damit euch die Lebenskraft des himmlischen Geistes so erfülle, daß ihr für die Welt zur Ursache des Lebens werdet.

32.

## DIE BAHÁ'Í MÜSSEN MIT HERZ UND SEELE WIRKEN, UM BESSERE ZUSTÄNDE IN DER WELT ZU SCHAFFEN

*19. November 1911*

Wie erfreulich ist es, eine Versammlung wie diese hier zu sehen, ist sie doch wirklich eine Zusammenkunft von „himmlischen Menschen".

Wir alle sind vereint in einer göttlichen Absicht. Wir haben keinen materiellen Beweggrund, und es ist unser Herzenswunsch, die Liebe Gottes über die Welt zu tragen. Wir arbeiten und beten für die Einheit der Menschheit, damit alle Rassen der Erde zu einer Rasse und alle Länder zu einem Lande werden, damit alle Herzen wie ein einziges schlagen und für vollkommene Einheit und Brüderlichkeit zusammenwirken.

Preis sei Gott, daß unser Bemühen echt und unser Herz dem Königreiche zugekehrt ist. Unser größtes Verlangen gilt der Aufrichtung der Wahrheit in der Welt, und in dieser Hoffnung kommen wir einander in Liebe und Geneigtheit näher. Jeder von uns ist großherzig und selbstlos und bereit, seinen persönlichen Ehrgeiz ganz dem großen Ideal zu opfern, das wir alle erstreben: brüderliche Liebe, Frieden und Einigkeit unter den Menschen.

Zweifelt nicht, daß Gott mit uns zur Rechten und zur Linken ist, daß Er tagtäglich unsere Zahl vergrößern wird und daß unsere Versammlungen an Kraft und Dienlichkeit gewinnen werden.

Es ist meine liebste Hoffnung, daß ihr alle zum Segen anderer werdet, daß ihr den geistig Blinden Augen, den geistig Tauben Ohren und allen denen, die in Sünden tot sind, Leben gebet.

Möchtet ihr den im Materialismus Versunkenen helfen, ihre

Gottessohnschaft zu verwirklichen, und sie ermutigen, sich zu erheben und sich ihrer Erstgeburt würdig zu erweisen, damit durch eure Bemühungen die Menschenwelt zum Reiche Gottes und Seiner Auserwählten werde.

Ich danke Gott, daß wir in diesem großen Ideal vereint sind, daß meine Sehnsucht auch die eure ist und daß wir in vollkommener Einigkeit zusammenwirken.

Wir sehen heute auf Erden das traurige Schauspiel eines grausamen Krieges. Der Mensch erschlägt seinen Bruder Mensch, um selbstischen Gewinn zu erzielen und sein Gebiet zu erweitern. Um dieses unwürdigen Ehrgeizes willen ist sein Herz dem Haß verfallen und wird noch immer weiteres Blut vergossen.

Neue Schlachten werden geschlagen, die Armeen vergrößert, mehr Geschütze, mehr Gewehre und mehr Sprengstoffe aller Art hinausgeschickt. So wachsen Bitternis und Haß mit jedem Tage.

Diese Versammlung jedoch ersehnt, Gott Lob, nur Frieden und Eintracht, und sie muß mit Herz und Seele wirken, um bessere Zustände in der Welt zu schaffen.

Ihr, die ihr die Diener Gottes seid, kämpft gegen Unterdrückung, Haß und Zwietracht, auf daß die Kriege ein Ende finden und sich Gottes Gesetz des Friedens und der Liebe unter den Menschen durchsetze.

Arbeitet! Wirket mit aller Kraft! Verbreitet die Sache des Königreiches unter den Menschen! Lehret die Selbstgerechten, sich demütig zu Gott zu wenden, die Sünder, daß sie nicht mehr sündigen und mit freudiger Erwartung auf das Kommen des Reiches harren!

Liebet euren himmlischen Vater, gehorcht Ihm und seid versichert, daß die göttliche Hilfe euch gehört. Fürwahr, ich sage euch, daß ihr in der Tat die Welt erobern werdet.

Habet Glauben, Geduld und Mut — dies ist erst der Anfang, aber ihr werdet sicherlich zum Ziel gelangen, denn Gott ist mit euch.

## 33.

## ÜBER VERLEUMDUNG

*Montag, den 20. November 1911*

Seit Anbeginn der Welt bis heute wurde jede gottgesandte Manifestation[1]) durch die verkörperten „Mächte der Finsternis" bekämpft.

Diese dunkle Macht hat stets versucht, das Licht zu löschen, die Unterdrückung hat immer danach getrachtet, die Gerechtigkeit zu überwinden. Unwissenheit hat hartnäckig das Wissen mit Füßen treten wollen. Dies ist seit frühester Zeit die Art der materiellen Welt gewesen.

Zu Mose Zeit versuchte Pharao zu verhindern, daß das mosaische Licht verbreitet werde.

Im Zeitalter Christi hetzten Hannas und Kaiphas das jüdische Volk gegen Ihn auf, und die Gelehrten Israels vereinten sich, um sich Seiner Macht zu widersetzen. Alle erdenklichen Verleumdungen wurden gegen Ihn verbreitet! Die Schriftgelehrten und Pharisäer wirkten zusammen, um die Menge glauben zu machen, daß Er ein Lügner, ein Abtrünniger und Gotteslästerer sei. Sie streuten diese üble Nachrede gegen Christus in der ganzen Welt des Ostens aus und bewirkten, daß Er zu einem schmachvollen Tod verurteilt wurde.

Auch bei Muḥammad beschlossen die Gelehrten Seiner Zeit, das Licht Seines Einflusses auszulöschen. Sie versuchten, mit der Kraft des Schwertes die Verbreitung Seiner Lehre zu verhindern.

Trotz ihrer vielen Bemühungen leuchtete die Sonne der Wahrheit am Horizont. In jedem Falle siegte das Heer des Lichtes auf dem Schlachtfeld der Welt über die Kräfte des Dunkels, und der Glanz der göttlichen Lehre erleuchtete die Erde. Jene, die die Lehre annahmen und für die Sache Gottes wirkten, wurden strahlende Sterne am Himmel der Menschheit.

Heute, in unseren Tagen, wiederholt sich die Geschichte.

---

[1]) d. h. göttliche Manifestation.

Jene, die die Menschen glauben machen wollen, daß die Religion nur ihnen allein gehöre, bemühen sich wieder, die Sonne der Wahrheit zu bekämpfen: sie widersetzen sich den Geboten Gottes und erfinden Verleumdungen, weil sie weder Beweise noch Mittel dagegen haben. Sie verdecken ihr Gesicht beim Angriff, da sie es nicht wagen, ins Licht zu treten.

Unser Weg ist anderer Art. Wir greifen nicht an und verleumden auch nicht. Wir wünschen nicht, mit ihnen zu streiten. Wir bringen Beweise und Gründe vor. Wir laden sie ein, unsere Darlegungen zu entkräften. Sie können nichts dagegen sagen; stattdessen schreiben sie alles Erdenkliche gegen den göttlichen Boten, Bahá'u'lláh.

Laßt euch durch diese Schmähschriften nicht unruhig machen. Gehorchet den Worten Bahá'u'lláhs und laßt sie unerwidert. Freuet euch lieber, daß selbst solche Lügen zur Ausbreitung der Wahrheit führen. Man wird auf die Verleumdung hin fragen, und wer fragt, wird etwas über den Glauben erfahren.

Würde jemand erklären: „Im Nebenzimmer ist eine Lampe, die kein Licht gibt", so möchte sich vielleicht ein Hörer damit zufrieden geben. Wer aber klüger ist, der geht in das Zimmer, um selbst ein Urteil zu gewinnen, und siehe, wenn er das Licht hellstrahlend in der Lampe findet, kennt er die Wahrheit.

Und wieder verkündet einer: „Da ist ein Garten, in dem Bäume mit abgebrochenen Zweigen sind, die keine Früchte tragen und deren Blätter verwelkt und gelb sind. In dem Garten sind auch Blütenpflanzen, die keine Blüten haben, und Rosenbüsche, die verdorren und am Absterben sind. Geht nicht in jenen Garten!" Ein rechter Mann wird sich, wenn er den Bericht über den Garten hört, nicht eher zufrieden geben, als bis er selbst gesehen hat, ob es auch wahr ist. Darum geht er in den Garten, und siehe, er findet ihn wohlbestellt. Die Zweige an den Bäumen sind fest und stark und hängen zwischen üppigen, herrlich grünenden Blättern voll mit süßesten, reifen Früchten. Die Blütenpflanzen leuchten in mannigfarbiger Blumenpracht, die Rosenbüsche sind mit duftenden, lieblichen Rosen bedeckt, und alles grünt und ist wohlbehalten. Wenn sich die Herrlichkeit des Gartens vor den Augen des gerechten Menschen dartut, preist er Gott darum, daß er durch eine unwürdige

Verleumdung zu einer Stätte von so wundersamer Schönheit kam.

Dies ist die Auswirkung dessen, was der Verleumder tut: er wird zum Anlaß dafür, daß Menschen zu einer Wahrheit finden.

Wir wissen, daß alle Lügen über Christus und Seine Apostel und alle Gegenschriften nur dazu führten, daß die Menschen Seine Lehre erforschten. Und hatten sie dann die Schönheit erblickt und ihren Duft geatmet, so wandelten sie für immer inmitten der Rosen und Früchte jenes himmlischen Gartens.

Darum sage ich euch: Verbreitet die göttliche Wahrheit mit all eurer Macht, auf daß der Verstand der Menschen erleuchtet werde. Das ist die beste Antwort an die Verleumder. Ich möchte nicht von diesen Menschen sprechen noch irgend ein Übles über sie reden, sondern euch nur sagen, daß Verleumdungen kein Gewicht besitzen.

Wolken können die Sonne verdecken, doch wie dicht sie auch immer seien, die Strahlen dringen dennoch hindurch. Nichts kann die Strahlen der Sonne daran hindern, daß sie herabkommen, um den göttlichen Garten zu erwärmen und zu beleben.

Nichts kann den Regen daran hindern, daß er vom Himmel herabströmt.

Nichts kann die Erfüllung von Gottes Wort verhindern.

Wenn ihr darum Bücher und Schriften seht, die gegen die Offenbarung geschrieben wurden, so seid nicht traurig darüber, sondern tröstet euch in der Gewißheit, daß die Sache dadurch nur an Kraft gewinnt.

Niemand wirft Steine in einen fruchtlosen Baum. Niemand versucht, eine lichtlose Lampe zu löschen.

Blicket auf vergangene Zeiten! Hatten etwa Pharaos Verleumdungen eine Wirkung? Er gab an, daß Moses ein Mörder sei, daß er einen Menschen erschlagen habe und hingerichtet zu werden verdiene. Er erklärte auch, daß Moses und Aaron Zwietracht säten, daß sie versuchten, die Religion Ägyptens zu vernichten und deswegen zu töten seien. Diese Worte des Pharao waren umsonst gesprochen. Mose Licht erstrahlte dennoch. Der Glanz des Gottesgesetzes hat die Welt umströmt.

Die Pharisäer sagten von Christus, Er habe den Sabbat gebrochen, das Gesetz Mose herausgefordert und gedroht, den Tempel und die heilige Stadt Jerusalem zu zerstören, weshalb Er die Kreuzigung verdiene. Wir aber wissen, daß alle diese verleumderischen Angriffe nicht die Verbreitung des Evangeliums hindern konnten. Die Sonne Christi leuchtete hell am Himmel, und der Odem des Heiligen Geistes wehte über die ganze Erde.

Und ich sage euch, daß keine Verleumdung imstande ist, den Sieg über Gottes Licht zu erringen. Sie kann nur dazu führen, daß ihm allgemeinere Anerkennung wird. Wenn eine Sache keine Bedeutung hat, wer würde sich dann wohl die Mühe machen, gegen sie zu kämpfen?

Doch je größer eine Sache ist, desto stärker erheben sich die Feinde in wachsender Zahl, um ihren Sturz zu versuchen. Je heller das Licht, desto dunkler der Schatten. Es ist an uns, gemäß der Lehre Bahá'u'lláhs mit Demut und Festigkeit zu handeln.

## 34.

## KEIN WIRKLICHES GLÜCK UND KEIN FORTSCHRITT OHNE GEISTIGKEIT

*21. November 1911*

Wildheit und Rohheit sind Eigenschaften der Tiere, die Menschen aber sollten die Eigenschaften der Liebe und der Zuneigung zeigen. Gott sandte alle Seine Propheten mit dem einen Ziel in die Welt, Liebe und Wohlwollen in die Menschenherzen zu säen, und für dieses große Ziel waren sie willens, zu leiden und zu sterben. Alle heiligen Bücher wurden geschrieben, um die Menschen auf den Weg der Liebe und der Eintracht zu geleiten, und dennoch und trotz allem haben wir mitten unter uns das traurige Schauspiel des Krieges und des Blutvergießens.

Durchblättern wir die Seiten der früheren und der heutigen Geschichte, so sehen wir die dunkle Erde von Menschenblut gerötet. Die Menschen töten einander wie wilde Wölfe und vergessen das Gesetz der Liebe und der Duldung.

Dieses leuchtende Zeitalter ist gekommen und hat eine wunderbare Zivilisation und materiellen Fortschritt gebracht. Der Intellekt der Menschen ist gewachsen, ihr Empfindungsvermögen stärker geworden, aber ach, trotz allem wird alle Tage neues Blut vergossen. Blickt auf den gegenwärtigen türkisch-italienischen Krieg. Betrachtet einen Augenblick lang das Schicksal dieser unglücklichen Menschen! Wie viele wurden während dieser traurigen Zeit getötet, wie viele Heimstätten vernichtet, Gattinnen verlassen und Kinder zu Waisen! Und was ist der Gewinn aus all dieser Angst und diesem Herzeleid? Nur ein Stückchen Erde.

Dies alles zeigt, daß materieller Fortschritt allein den Menschen nicht zu heben vermag. Im Gegenteil: je mehr er in materiellem Fortschritt versinkt, desto trüber wird seine Geistigkeit werden.

In vergangenen Zeiten war der Fortschritt auf der materiellen Ebene weniger schnell, und auch das Blut floß in geringerem Maße. Die alte Kriegführung kannte keine Geschütze, keine Feuerwaffen und keinen Sprengstoff, keine Granaten, Torpedoboote, Schlachtschiffe oder Unterseeboote. Doch durch die materielle Zivilisation besitzen wir nun alle diese Erfindungen, und der Krieg entwickelt sich vom Schlimmen zum noch Schlimmeren. Europa wurde zu einem riesigen Waffenplatz voller Sprengstoff, und sofern Gott nicht dessen Entzündung verhindert, wird sie die ganze Welt erfassen.

Ich möchte euch klar machen, daß materieller und geistiger Fortschritt zwei sehr verschiedene Dinge sind, und daß nur dann, wenn der materielle Fortschritt mit Geistigkeit Hand in Hand geht, wirklicher Fortschritt kommen und der größte Friede in der Welt regieren kann. Würden alle Menschen den heiligen Ratschlägen und den Lehren der Propheten folgen, alle Herzen durch das göttliche Licht erleuchtet werden und die Menschen in Wirklichkeit religiös sein, so würden wir bald den Frieden auf Erden und das Reich Gottes unter den Menschen sehen. Wir mögen die Gesetze Gottes mit der Seele und den materiellen Fortschritt mit dem Körper vergleichen. Erführe der Körper keine Belehrung durch die Seele, so könnte er nicht länger bestehen. Es ist mein ernstes Gebet, daß die

Geistigkeit fortgesetzt wachsen und immer mehr in der Welt zunehmen möge, damit die Sitten erleuchtet und Friede und Eintracht aufgerichtet werden.

Krieg und Gewalt und die damit verbundenen Grausamkeiten sind Gott ein Greuel und tragen ihre Strafe in sich, denn der Gott der Liebe ist auch ein Gott der Gerechtigkeit, und jeder Mensch muß unvermeidlich ernten, was er gesät hat. Lasset uns trachten, die Gebote des Höchsten zu verstehen und unser Leben nach Seinem Geheiß zu ordnen. Wahre Glückseligkeit hängt von geistigem Wohl ab und davon, daß wir das Herz stets offen halten, um die göttliche Güte zu empfangen.

Wenn das Herz sich von den Segnungen abkehrt, die Gott uns darreicht, wie vermöchte es dann auf Glück zu hoffen? Wenn es seine Hoffnung und sein Vertrauen nicht in Gottes Erbarmen setzt, wo könnte es dann wohl Ruhe finden? O bauet auf Gott, denn Seine Güte ist ewig, und auf Seine Segnungen, denn sie sind herrlich! O setzet euren Glauben in den Allmächtigen, denn Er irrt nicht und Seine Gunst währt ewiglich! Seine Sonne gibt dauernd Licht, und die Wolken Seines Erbarmens sind erfüllt vom Wasser des Mitleids, mit dem Er die Herzen aller benetzt, die Ihm vertrauen. Die Schwingen Seines erfrischenden Windes tragen den verdorrten Seelen der Menschen ständig Heilung zu. Ist es wohl weise, sich von einem so liebreichen Vater, der Seine Segnungen über uns ausgießt, abzuwenden, um lieber Sklave des Stofflichen zu sein?

Gott hat uns in Seiner grenzenlosen Güte zu so viel Ehre erhoben und uns zu Meistern über die stoffliche Welt gemacht, sollten wir da zu ihrem Sklaven werden? Nein, laßt uns vielmehr unser Geburtsrecht geltend machen und uns bemühen, daß wir das Leben der geistigen Söhne Gottes leben. Die herrliche Sonne der Wahrheit hat sich wieder einmal im Osten erhoben. Vom fernen Horizonte Persiens her verbreitet sich ihr Glanz über nah und fern und zerstreut die dichten Wolken des Aberglaubens. Das Licht der Einheit der Menschheit hat begonnen, die Welt zu erleuchten, und bald wird das Banner der göttlichen Eintracht und der Übereinstimmung der Völker hoch am Himmel flattern. Ja, der Windhauch des Heiligen Geistes wird die gesamte Welt mit Leben erfüllen.

O Völker und Nationen! Erhebet euch, arbeitet und seid glücklich! Versammelt euch unter dem Zelt der Einheit der Menschheit!

## 35.

## SCHMERZ UND SORGE

*22. November 1911*

In dieser Welt beeinflussen uns zwei Gefühle: Freude und Schmerz. Die Freude verleiht uns Schwingen. In Zeiten der Freude ist unsere Kraft belebter, unser Intellekt geschärfter und unser Begriffsvermögen weniger umzogen. Es fällt uns offenbar leichter, uns mit der Welt zu messen und unser Eignungsgebiet herauszufinden. Wenn aber Traurigkeit bei uns einkehrt, werden wir schwach, die Kraft verläßt uns, unser Fassungsvermögen wird trüb und unsere Intelligenz umschleiert. Die Gegebenheiten des Lebens scheinen sich unserem Griff zu entziehen, die Augen des Geistes können die geistigen Geheimnisse nicht mehr entdecken, und selbst das Leben scheint uns zu verlassen.

Kein menschliches Wesen bleibt von diesen beiden Einflüssen unberührt, doch alle Sorge und der Kummer, denen wir begegnen, kommen aus der Welt des Stoffes, die geistige Welt hingegen schenkt nur Freude.

Leiden wir, so ist es das Ergebnis stofflicher Dinge, und alle Heimsuchungen und Störungen kommen aus dieser Welt der Täuschung.

So mag zum Beispiel ein Kaufmann sein Geschäft verlieren und Niedergeschlagenheit daraus folgen. Ein Arbeiter wird entlassen und sieht dem Hunger entgegen. Ein Bauer hat eine schlechte Ernte, und sein Gemüt wird angstvoll. Ein Mann baut sich ein Haus, das völlig niederbrennt, er ist ganz plötzlich obdachlos, zugrundegerichtet und verzweifelt.

Diese Beispiele alle sollen euch zeigen, daß die Prüfungen, die jeden unserer Schritte umlagern, alle unsere Sorgen, Leiden, Schmach und Kummer aus der Welt des Stoffes kommen, wogegen das geistige Reich nie Traurigkeit verursacht. Ein Mensch, der mit seinen Gedanken in diesem Reiche lebt, kennt dauernde Freude. Die Übel, die das Erbe alles Fleisches sind, berühren ihn nicht, sie streifen sein Leben nur an der Oberfläche, während die Tiefen ruhig und gelassen sind.

Die Menschheit ist heute niedergedrückt von Mühsal, Sorge und Kummer. Niemand kann sich ihnen entziehen. Die Welt ist naß von Tränen, doch steht das Heilmittel, Gott Lob, vor der Türe. Lasset uns unsere Herzen abwenden von der Welt des Stoffes und in der Welt des Geistes leben. Sie allein kann Freiheit geben. Sind wir von Schwierigkeiten umringt, so brauchen wir nur Gott zu rufen, und Seine große Barmherzigkeit wird uns helfen.

Wenn Sorgen und Mißgeschick zu uns kommen, so laßt uns unser Angesicht zum Königreich wenden, und himmlischer Trost wird fließen.

Wenn wir krank und in Not sind, laßt uns um Gottes Heilung flehen, und Er wird unser Beten erhören.

Wenn unsere Gedanken mit der Bitternis dieser Welt erfüllt sind, laßt uns unsere Augen auf die Süße von Gottes Mitleid richten, und Er wird himmlische Ruhe senden. Wenn wir auch in der stofflichen Welt gefangen sind, so kann sich doch unser Geist in die Himmel erheben, und wir werden tatsächlich frei sein.

Wenn sich unsere Tage dem Ende nähern, laßt uns der ewigen Welten gedenken, und wir werden voller Freude sein.

Überall um euch seht ihr die Beweise für die Unzulänglichkeit der stofflichen Dinge und daß Freude, Labsal, Friede und Trost nicht in den vergänglichen Dingen der Welt zu finden sind. Ist es daher nicht töricht, uns zu weigern, diese Schätze dort zu suchen, wo wir sie finden können? Die Tore des geistigen Königreiches sind für alle offen, und außerhalb derselben ist völliges Dunkel.

Danket Gott, daß ihr, die ihr hier versammelt seid, davon wißt, denn in allen Sorgen des Lebens vermögt ihr höchsten Trost zu erhalten. Wenn eure Erdentage gezählt sind, so wißt ihr, daß euch ewiges Leben erwartet. Wenn euch materielle Angst in eine dunkle Wolke hüllt, wird geistiger Glanz euren

Weg erhellen. Wahrlich, wessen Sinn vom Geist des Höchsten erleuchtet ist, der hat die erhabenste Tröstung.

Ich war durch vierzig Jahre hindurch im Gefängnis — ein bloßes Jahr schon wäre unmöglich zu ertragen gewesen — niemand hat jene Gefangenschaft länger als ein Jahr überlebt. Aber Gott sei Dank, während jener ganzen vierzig Jahre war ich überaus glücklich. Jeden Tag, wenn ich erwachte, war es, als ob ich gute Botschaften hörte, und jede Nacht erfüllte mich mit unendlicher Freude. Geistigkeit war mein Trost und Hinwendung zu Gott meine größte Freude. Glaubt ihr wohl, ich hätte anders vermocht, jene vierzig Jahre in Gefangenschaft zu leben?

Darum ist Geistigkeit die größte unter den Gaben Gottes, und „ewiges Leben" heißt, „sich zu Gott zu wenden". Möchtet ihr, einzeln und insgesamt, mit jedem Tag an Geistigkeit gewinnen, möchtet ihr in allem Guten Stärkung finden, möchte der göttliche Trost euch immer mehr helfen, euch Gottes Heiliger Geist erlösen und die Kraft des himmlischen Königreiches unter euch leben und wirken.

Das ist mein ernstlicher Wunsch, und ich flehe zu Gott, euch diese Gunst zu gewähren.

36.

## DIE VOLLKOMMENEN MENSCHLICHEN EMPFINDUNGEN UND TUGENDEN

*23. November 1911*

'Abdu'l-Bahá sprach:

Ihr solltet alle sehr glücklich und Gott für das große Vorrecht dankbar sein, das euch zuteil ward.

Dies ist eine rein geistige Versammlung. Preis sei Gott, eure Herzen sind Ihm zugekehrt, eure Seelen durch das Königreich angezogen, ihr habt geistiges Streben, und eure Gedanken erheben sich über die Welt des Staubes.

Ihr gehöret der Welt der Reinheit an und gebt euch nicht damit zufrieden, das Leben eines Tieres zu leben und eure Tage mit Essen, Trinken und Schlafen zu verbringen. Ihr seid tatsächlich Menschen. Eure Gedanken und euer Ehrgeiz sind darauf gerichtet, menschliche Vollkommenheit zu erreichen. Ihr lebt, um Gutes zu tun und anderen Freude zu bereiten. Eure größte Sehnsucht ist es, daß ihr die Trauernden trösten, die Schwachen stärken und den verzweifelten Seelen zur Ursache der Hoffnung werden könnt. Bei Tag und Nacht sind eure Gedanken dem Königreich zugekehrt und eure Herzen erfüllt von der Liebe Gottes.

Daher kennt ihr weder Widerstand noch Abneigung noch Haß, denn alle lebenden Geschöpfe sind euch lieb, und ihr suchet das Gute in jedem.

Dies sind vollkommene menschliche Empfindungen und Tugenden. Wenn ein Mensch keine von diesen Tugenden besitzt, so wäre ihm besser, er hörte auf zu bestehen. Wenn eine Lampe kein Licht mehr gibt, so wäre ihr besser, sie würde vernichtet. Wenn ein Baum keine Früchte trägt, so wäre ihm besser, man würde ihn fällen, denn er beschwert nur den Boden.

Wahrlich, es ist für einen Menschen tausendmal besser zu sterben als ohne Tugend weiterzuleben.

Wir haben Augen, um damit zu sehen; doch wenn wir sie nicht benutzen, wie vermöchten sie uns dann zu nützen? Wir haben Ohren um damit zu hören; doch wenn wir taub sind, was vermöchten sie uns dann zu helfen?

Wir haben eine Zunge, um Gott zu preisen und die guten Botschaften zu verkünden; doch wie nutzlos ist sie, wenn wir stumm sind!

Der alliebende Gott erschuf den Menschen, damit er das göttliche Licht verbreite und die Welt durch seine Worte, seine Handlungen und sein Leben erleuchte. Wenn er ohne Tugend ist, wird er nicht besser als ein gewöhnliches Tier sein; und ein unverständiges Tier ist nur ein niedriges Etwas.

Der himmlische Vater gab dem Menschen die unschätzbare Gabe des Verstandes, damit er zu einem geistigen Lichte werde, das durch die Nacht des Materialismus bricht und Güte und Wahrheit in die Welt bringt. Wenn ihr mit Ernst den Lehren Bahá'u'lláhs folgt, werdet ihr wirklich zum Lichte der Welt, zur Seele für den Körper der Welt, zum Trost und zur Hilfe für die

Menschheit und zur Quelle der Erlösung für das ganze Weltall werden. Bemüht euch darum mit Herz und Seele, die Gebote der Gesegneten Schönheit zu befolgen, und seid versichert, daß, sofern es euch gelingt, das Leben so, wie Er es euch vorgezeichnet hat, zu leben, euch ewiges Leben und immerwährende Freude im himmlischen Reich erwartet und göttliche Unterstützung zukommen wird, um euch mit jedem Tag zu stärken.

Es ist mein inniges Gebet, daß jeder von euch diese vollkommene Freude erreiche.

37.

## DIE GRAUSAME GLEICHGÜLTIGKEIT DER MENSCHEN GEGENÜBER DEM LEIDEN FREMDER RASSEN

*24. November 1911*

'Abdu'l-Bahá sprach:

Soeben wurde mir gesagt, daß sich hier im Land ein furchtbares Unglück zugetragen hat. Ein Zug ist in den Fluß gestürzt, und mindestens zwanzig Menschen sind dabei ums Leben gekommen. Dies wird heute Gegenstand einer Debatte im französischen Parlament sein, und der Direktor der Staatsbahn wird aufgefordert werden zu sprechen. Man wird ihn in ein Kreuzverhör über den Zustand der Schienen und die Ursache des Unglücks nehmen, und es wird eine erregte Erörterung geben. Ich bin erstaunt und überrascht zu sehen, welche Aufmerksamkeit und Aufregung der Tod von zwanzig Menschen im ganzen Lande wachruft, während man der Tatsache, daß Tausende von Italienern, Türken und Arabern in Tripolis getötet werden, kalt und gleichgültig gegenübersteht. Das Entsetzliche dieses Massengemetzels hat die Regierung keineswegs beunruhigt. Und doch sind auch diese unglückseligen Menschen menschliche Wesen.

Warum wendet man diesen zwanzig Wesen so viel Aufmerksamkeit und starkes Mitempfinden zu, während es bei fünftausend Personen nicht der Fall ist? Sie alle sind Menschen, sie alle gehören der Familie der Menschheit an, freilich aber anderen Ländern und Rassen. Es trifft die unbeteiligten Länder nicht, ob diese Menschen zerstückelt werden. Dieses Massenschlachten berührt sie nicht. Wie ungerecht, wie grausam das ist, wie völlig entbehrt es aller guten und echten Gefühle! Die Menschen jener anderen Länder haben Kinder und Gattinnen, Mütter, Töchter und kleine Söhne. In jenen Ländern gibt es heute wohl kaum ein Haus, in dem man nicht bitterlich weinen hört, ist schwerlich ein Heim zu finden, das von der grausamen Hand des Krieges nicht berührt ist.

Ach, wir sehen auf allen Seiten, wie grausam, vorurteilsvoll und ungerecht der Mensch ist, wie schwerfällig im Glauben an Gott und im Gehorsam gegenüber Seinen Geboten!

Wenn diese Menschen einander lieben und helfen würden, statt darauf zu brennen, einander mit Säbeln und Kanonen zu vernichten — wie so viel edler wäre dies und wie viel besser, wenn sie wie eine Taubenschar in Frieden und Eintracht lebten, statt wie die Wölfe zu sein und einander in Stücke zu reißen.

Warum ist der Mensch so hartherzig? Das kommt daher, daß er Gott noch nicht kennt. Würde er Gott erkennen, so könnte er Seinen Geboten nicht geradezu entgegen handeln. Wäre er geistig gesonnen, so könnte er sich nicht so verhalten. Hätte man nur den Geboten und Belehrungen der Propheten Gottes geglaubt, sie begriffen und danach gehandelt, so würde das Angesicht der Erde nicht länger durch Krieg verdunkelt werden.

Beherrschte der Mensch auch nur die Anfangsgründe der Gerechtigkeit, so könnten die Dinge nicht so liegen.

Darum sage ich euch: betet und wendet euer Angesicht zu Gott, damit Er in Seinem unendlichen Mitleid und Erbarmen diesen Fehlgeleiteten helfen und beistehen möge. Betet, daß Er ihnen geistiges Verständnis schenke und sie Duldsamkeit und Barmherzigkeit lehren möge, auf daß sich das Auge ihres Gemütes öffne und sie mit der Gabe des Geistes ausgestattet werden. Dann mögen Frieden und Liebe Hand in Hand durch die Länder ziehen und diese armen, unglücklichen Menschen Ruhe finden.

Lasset uns alle Tag und Nacht danach streben, mitzuhelfen, daß die Zustände besser werden.

Mein Herz ist durch all das Furchtbare gebrochen und schreit laut auf. Möchte doch dieser Schrei in andere Herzen dringen!

Dann werden die Blinden sehend werden und die Toten auferstehen, und die Gerechtigkeit wird kommen und auf Erden herrschen.

Ich bitte euch alle inständig, mit Herz und Seele zu beten, daß sich dies erfülle.

## 38.

## WIR DÜRFEN UNS NICHT DURCH UNSERE GERINGE ZAHL ENTMUTIGEN LASSEN

*25. November 1911*

Als Christus erschien, offenbarte Er sich in Jerusalem. Er rief die Menschen zum Reiche Gottes auf. Er lud sie zum ewigen Leben ein und hieß sie, menschliche Vollkommenheit zu erlangen. Das Licht der Führung ging aus jenem strahlenden Stern hervor, und schließlich gab Er Sein Leben als Opfer für die Menschheit hin.

Sein ganzes gesegnetes Leben lang erlitt Er Unterdrückung und Ungemach, und doch stand Ihm die Menschheit feindlich gegenüber.

Sie verleugneten Ihn, verhöhnten Ihn, mißhandelten und verfluchten Ihn. Er wurde nicht wie ein Mensch behandelt, und doch und trotz allem war Er die Verkörperung des Mitleids, höchster Güte und Liebe.

Er liebte die ganze Menschheit, doch sie behandelte Ihn wie einen Feind und war nicht fähig, Ihn zu schätzen. Sie legte keinen Wert auf Seine Worte und wurde durch die Flamme Seiner Liebe nicht erleuchtet.

Später erkannten sie, wer Er war, daß Er das heilige und göttliche Licht war und daß Seine Worte ewiges Leben enthielten.

Sein Herz war von Liebe für die ganze Welt erfüllt, Seine Güte ausersehen, jeden zu erreichen, und als sie dies zu erkennen begannen, bereuten sie — doch Er war unterdessen gekreuzigt!

Erst viele Jahre nach Seiner Himmelfahrt wußten sie, wer Er war, und zur Zeit Seiner Himmelfahrt hatte Er nur wenige Jünger. Nur eine verhältnismäßig kleine Gefolgschaft glaubte an Seine Gebote und befolgte Seine Gesetze. Die Unwissenden sagten: „Wer ist dieser Mensch? Er hat nur ein paar Jünger!" Aber die Wissenden sagten: „Er ist die Sonne, die im Osten und Westen scheinen wird. Er ist die Offenbarung, die der Welt Leben geben wird."

Was die ersten Jünger gesehen hatten, erkannte die Welt später.

Ihr in Europa solltet euch daher nicht entmutigen lassen, weil ihr nur wenige seid oder weil die Menschen denken, daß eure Sache nicht wichtig sei. Laßt euren Mut nicht sinken, wenn nur wenig Menschen in eure Versammlungen kommen, und seid nicht unglücklich, wenn sie euch lächerlich machen und euch widersprechen, denn die Apostel Christi mußten dasselbe ertragen. Sie wurden geschmäht und verfolgt, verflucht und mißhandelt, doch am Ende waren sie siegreich, und man erkannte, daß ihre Feinde unrecht hatten.

Sollte sich die Geschichte wiederholen und es euch ebenso ergehen, so seid darum nicht traurig sondern voll Freude, und danket Gott, daß ihr dazu berufen seid zu leiden, wie ehedem heilige Menschen litten. Bekämpfen sie euch, so seid ihr freundlich zu ihnen. Widersprechen sie euch, so bleibet ihr fest im Glauben. Verlassen und meiden sie euch, so gehet ihr zu ihnen und behandelt sie gütig. Fügt niemandem Leid zu. Betet für alle. Bemühet euch, daß euer Licht in der Welt leuchten und euer Banner hoch in die Himmel flattern möge. Der schöne Duft eures edlen Lebens wird alles erfüllen. Das Licht der Wahrheit, das in euren Herzen entzündet ist, wird in die fernste Ferne scheinen!

Die Gleichgültigkeit und der Spott der Welt sind ohne alle Bedeutung, während euer Leben von größter Bedeutung ist.

Alle jene, die die Wahrheit im himmlischen Königreich suchen, leuchten wie Sterne. Sie sind wie Obstbäume voll köstlicher Früchte, wie Meere voll kostbarster Perlen.

Habt nur Glauben an die Barmherzigkeit Gottes und verbreitet die göttliche Wahrheit.

## 39.

## WORTE, DIE 'ABDU'L-BAHÁ IN DER KIRCHE VON PASTOR WAGNER (FOYER DE L'ÂME) IN PARIS SPRACH

Ich bin tief ergriffen von den freundlichen Worten, die man an mich gerichtet hat, und ich hoffe, daß täglich wahre Liebe und Zuneigung unter uns wachsen wird. Gott hat geboten, daß die Liebe eine lebendige Kraft in der Welt sei, und ihr alle wißt, wie sehr es mich freut, über Liebe zu sprechen.

Durch alle Zeitalter hindurch wurden die Propheten Gottes in die Welt gesandt, um der Sache der Wahrheit zu dienen. Moses brachte das Gesetz der Wahrheit, und alle Propheten Israels nach Ihm haben danach getrachtet, es zu verbreiten.

Als Jesus kam, entzündete Er die lodernde Fackel der Wahrheit, und Er hielt sie hoch empor, damit sie die ganze Welt erleuchte. Nach Ihm kamen Seine erwählten Apostel, und sie gingen in die Ferne und Weite und trugen das Licht der Lehre ihres Meisters in eine dunkle Welt und gaben sie, einer nach dem anderen, weiter.

Dann kam Muḥammad, der zu Seiner Zeit und auf Seine Weise die Erkenntnis der Wahrheit unter ein barbarisches Volk trug; war dies doch immer der Auftrag der Erwählten Gottes.

Und als sich schließlich Bahá'u'lláh in Persien erhob, war es Sein brennendster Wunsch, das schwindende Licht der Wahrheit wieder in allen Ländern zu entzünden. Alle Heiligen Gottes haben mit Herz und Seele danach getrachtet, das Licht der Liebe und Einigkeit über die Welt zu verbreiten, damit die Dunkelheit des Materialismus schwinde und unter den Menschenkindern das Licht der Geistigkeit leuchten möge. Dann würden Haß, Verleumdung und Mord vergehen und statt ihrer Liebe, Eintracht und Frieden herrschen.

Alle Offenbarer Gottes kamen mit der nämlichen Absicht,

und alle haben sie versucht, die Menschen auf den Pfad der Tugend zu führen. Doch wir, ihre Diener, streiten untereinander. Warum ist es so? Warum lieben wir nicht einander und leben wir nicht in Eintracht?

Darum, daß wir unsere Augen vor dem Grundprinzip aller Religionen verschlossen haben: daß Gott e i n e r ist, daß Er unser aller Vater ist, daß wir alle in das Meer Seines Erbarmens getaucht sind und durch Seine liebevolle Sorge beschützt und behütet werden.

Die herrliche Sonne der Wahrheit leuchtet gleicherweise für alle, in den Wassern der göttlichen Barmherzigkeit taucht jeder unter, und Seine göttliche Gunst kommt allen Seinen Kindern zugute.

Dieser liebende Gott wünscht Frieden für alle Seine Geschöpfe. Warum verbringen sie dann ihre Zeit mit Kriegen?

Er liebt und behütet alle Seine Kinder. Warum vergessen sie Seiner?

Er widmet uns allen Seine väterliche Sorge. Warum vernachlässigen wir unsere Brüder?

Wahrlich, wenn wir bedenken, wie Gott uns liebt und für uns sorgt, dann sollten wir unser Leben so ordnen, daß wir Ihm ähnlicher werden.

Gott hat uns alle zusammen erschaffen; warum dann handeln wir Seinen Wünschen entgegen, da wir doch alle Seine Kinder sind und den nämlichen Vater lieben? Alles Trennende, das wir auf allen Seiten sehen, all dieses Streiten und diese Gegensätze rühren daher, daß sich die Menschen an kirchliche und äußerliche Bräuche hängen und die einfache Wahrheit, die ihr Untergrund ist, vergessen. Es ist die ä u ß e r l i c h e A u s ü b u n g der Religion, die so verschieden ist, und sie ist es, die Streitigkeiten und Feindschaft wachruft, während die Wirklichkeit stets eine und die gleiche ist. Die Wirklichkeit ist die Wahrheit, und die Wahrheit kennt keine Trennung. Die Wahrheit ist Gottes Führung, sie ist das Licht der Welt, ist Liebe und Barmherzigkeit. Diese Eigenschaften der Wahrheit sind auch menschliche Tugenden, die der Heilige Geist eingibt.

So halten wir uns denn, einer und alle, fest an die Wahrheit, und wir werden in der Tat frei sein!

Es kommt der Tag, da alle Religionen der Welt vereint sein werden, denn im Grunde sind sie schon alle eins. Es gibt keine Notwendigkeit für die Teilung, wenn man sieht, daß es nur die äußeren Formen sind, die sie voneinander trennen. Unter den Menschenkindern leiden manche durch Unwissenheit. Laßt uns eilen, sie zu belehren. Andere sind wie Kinder, die Betreuung und Erziehung brauchen, bis sie erwachsen sind, und einige sind krank — für sie müssen wir göttliche Heilung bringen.

Mögen sie gleich unwissend, kindlich oder krank sein, so müssen wir sie doch lieben und ihnen helfen, und nicht etwa wegen ihrer Unvollkommenheit Abneigung gegen sie hegen.

Die Gelehrten der Religion wurden eingesetzt, damit sie den Völkern geistige Heilung bringen und zur Ursache der Einigkeit unter den Nationen werden. Wenn sie zur Ursache der Trennung werden, so wäre es besser, es gäbe keine. Heilmittel werden verabreicht, um die Krankheit zu heilen; doch wenn sie das Leiden nur schlimmer machen, so ist es besser, sie fortzulassen. Wenn die Religion nur die Ursache der Zwietracht sein soll, so würde es besser keine geben.

Alle göttlichen Offenbarer, die Gott in die Welt gesandt hat, haben ihre furchtbaren Mühsale und Leiden allein um der einen Hoffnung willen ertragen, Wahrheit, Einigkeit und Eintracht unter den Menschen zu verbreiten. Christus ertrug ein Leben der Sorgen, Qualen und Schmerzen, um ein vollkommenes Beispiel der Liebe in die Welt zu bringen, und dennoch fahren wir fort, einander im Geist des Gegensatzes zu behandeln!

Liebe ist die Grundlage der Absicht Gottes für den Menschen, und Er hat uns geboten, daß wir einander lieben sollen, wie Er uns liebt. All der Zwist und Streit, von dem wir ringsum hören, trägt nur dazu bei, die Menschen materieller zu machen.

Die Welt ist größtenteils im Materialismus versunken, und der Segensfluß des Heiligen Geistes wird nicht beachtet. Es gibt so wenig wahres, geistiges Empfinden, und der Fortschritt der Welt ist größtenteils nur stofflich. Die Menschen werden wie das Vieh, das verendet, denn wir wissen, daß sie nichts Geistiges empfinden, sie wenden sich nicht zu Gott und sind ohne Religion. Geistiges Empfinden und Religion aber sind Eigentümlichkeiten des Menschen, und wenn er sie nicht hat, so ist er ein Gefangener der Natur und um nichts besser als die Tiere.

Wie kann sich der Mensch damit zufrieden geben, nur ein Dasein wie das Tier zu führen, wo Gott ihn zu einem so hohen Geschöpf gemacht hat? Die ganze Schöpfung wurde den Naturgesetzen unterworfen, der Mensch jedoch vermochte, diese Gesetze zu beugen. Die Sonne ist trotz ihrer Kraft und Herrlichkeit an die Naturgesetze gebunden und kann ihren Lauf nicht um Haaresbreite verändern. Das große und gewaltige Weltmeer hat nicht die Macht, die Ebbe und Flut seiner Gezeiten zu wandeln — nichts kann sich dem Gesetz der Natur widersetzen außer dem Menschen.

Aber dem Menschen hat Gott eine so wunderbare Macht zugemessen, daß er die Natur zu lenken, zu beherrschen und zu besiegen vermag.

Das natürliche Gesetz für den Menschen ist, auf der Erde zu gehen, doch er baut Schiffe und fliegt durch die Lüfte. Er wurde erschaffen, um auf dem Trockenen zu leben, aber er bewegt sich auf dem Wasser und fährt sogar unter ihm.

Er hat gelernt, die Kraft der Elektrizität zu beherrschen, und er bedient sich ihrer nach seinem Willen und sperrt sie in eine Lampe. Die menschliche Stimme wurde erschaffen, um über kurze Entfernungen hin zu sprechen, aber der Mensch ist so mächtig, daß er sich Mittel geschaffen hat und damit vom Osten zum Westen spricht. Alle diese Beispiele zeigen euch, wie der Mensch die Natur zu beherrschen vermag und wie er gleichsam der Natur ein Schwert aus den Händen reißt und es gegen sie selber richtet. Wie töricht ist es doch angesichts der Tatsache, daß der Mensch zum Herrn der Natur erschaffen wurde, daß er ihr Sklave wird. Wie dumm und einfältig, die Natur zu verehren und anzubeten, wo Gott in Seiner Güte uns doch zu deren Herrn gemacht hat! Gottes Macht ist für alle sichtbar, und doch verschließen die Menschen ihre Augen und sehen sie nicht. Die Sonne der Wahrheit scheint in ihrem vollen Glanze; wer aber das Auge fest verschließt, kann ihre Herrlichkeit nicht erblicken. Es ist meine ernste Bitte zu Gott, daß ihr durch Seine Barmherzigkeit und liebevolle Güte alle vereint und mit äußerster Freude erfüllt werden möget.

Ich bitte euch, einen und alle, dringend, eure Gebete mit den meinigen zu verbinden, auf daß Krieg und Blutvergießen ein Ende finden und Liebe, Freundschaft, Frieden und Eintracht die Welt beherrschen mögen!

Durch alle Zeitalter hindurch sehen wir die Oberfläche der Erde von Blut befleckt. Doch nun ist ein Strahl eines größeren Lichtes erschienen, das menschliche Erkenntnisvermögen ist größer, die Geistigkeit hat zu wachsen begonnen, und es kommt gewiß eine Zeit, da die Religionen der Welt miteinander in Frieden sein werden. Lassen wir ab von dem mißtönenden Streit um äußere Formen und schließen wir uns zusammen, um die göttliche Sache der Einheit voranzutreiben, bis die ganze Menschheit weiß, daß sie e i n e in Liebe vereinte Familie ist!

## DIE VON 'ABDU'L-BAHÁ IN PARIS ERKLÄRTEN ELF PRINZIPIEN DER LEHRE BAHÁ'U'LLÁHS

I. Suchen nach Wahrheit

II. Einheit der Menschheit

III. Religion sollte Liebe und Zuneigung hervorrufen (Nicht gesondert behandelt)

IV. Einheit von Religion und Wissenschaft

V. Überwindung der Vorurteile

VI. Gleiche Daseinsmöglichkeiten

VII. Gleichheit der Menschen vor dem Gesetz

VIII. Universaler Friede — Esperanto

IX. Religion soll sich nicht mit Politik befassen

X. Gleichstellung der Geschlechter — Erziehung der Frauen

XI. Die Kraft des Heiligen Geistes

40.

## IN DER THEOSOPHISCHEN GESELLSCHAFT IN PARIS

Seit meiner Ankunft in Paris habe ich viel von der Theosophischen Gesellschaft sprechen hören, und ich weiß, daß ihre Mitglieder hochgeachtete und angesehene Menschen sind. Ihr besitzt Verstand und Überlegung, hegt geistige Ideale, und es ist für mich ein großes Vergnügen, unter euch zu sein.

Laßt uns Gott danken, der uns am heutigen Abend hier versammelt hat. Es ist mir eine große Freude, denn ich sehe, daß ihr alle Wahrheitssucher seid. Ihr seid nicht durch die Bande des Vorurteils gefesselt, und eure größte Sehnsucht gilt der Wahrheit. Die Wahrheit läßt sich mit der Sonne vergleichen. Die Sonne ist der leuchtende Körper, der alle Schatten auflöst, und so löst auch die Wahrheit die Schatten unserer Einbildungen auf. Gleichwie die Sonne dem Körper der Menschheit Leben gibt, so gibt die Wahrheit ihren Seelen Leben. Die Wahrheit ist eine Sonne, die an verschiedenen Punkten des Horizontes aufgeht.

Manchmal erhebt sich die Sonne inmitten des Horizontes, dann wieder, im Sommer, weiter nach Norden und im Winter gegen Süden, doch immer ist es die gleiche Sonne, wie verschieden auch ihre Aufgangspunkte seien.

In gleicher Weise gibt es nur e i n e Wahrheit, obgleich sie in der Erscheinung sehr verschieden sein mag. Manche Menschen haben Augen und sehen. Sie verehren die Sonne, gleichviel, von welchem Punkt des Horizontes sie heraufsteigt, und wenn die Sonne den Winterhimmel verlassen hat, um am sommerlichen Himmel zu erscheinen, so wissen sie, wo sie sie wiederfinden. Dann wieder gibt es Menschen, die nur den Ort, an dem die Sonne aufgegangen ist, verehren, und geht sie in ihrer Pracht an einem anderen Orte auf, so verharren sie in Betrachtung vor dem Orte ihres früheren Aufgangs. Ach, diesen Menschen bleiben die Segnungen der Sonne vorenthalten! Wer in Wahrheit die Sonne selbst verehrt, wird sie erkennen, an welchem Aufgangsort sie auch erscheinen mag, und er wird sein Angesicht ihrem Glanz geradewegs entgegenheben.

Wir müssen die Sonne selbst und nicht nur ihren Erscheinungsort verehren. So verehren auch die Menschen, deren Herz erleuchtet ist, die Wahrheit wo immer sie am Horizonte aufgeht. Sie sind durch keine Persönlichkeit gebunden, sondern folgen der Wahrheit und sind fähig, sie zu erkennen, gleichviel, woher sie kommen mag. Es ist die gleiche Wahrheit, die der Menschheit vorwärts hilft und allen Geschöpfen Leben gibt, denn sie ist der Baum des Lebens.

In Seinen Lehren erklärt uns Bahá'u'lláh die Wahrheit, und ich möchte kurz zu euch darüber sprechen, denn ich sehe, daß ihr Verständnis habt.

Das erste Prinzip Bahá'u'lláhs ist:

*Das Suchen nach Wahrheit*

Der Mensch muß sich von allen Vorurteilen und von den Ergebnissen seiner eigenen Einbildung trennen, so daß er zum ungehinderten Suchen nach Wahrheit fähig werde. Die Wahrheit ist e i n e in allen Religionen, und durch sie vermag die Einigkeit der Welt zur Tat zu werden.

Alle Menschen haben einen gleichen Glaubensuntergrund. Da er nur e i n e r ist, kann auch die Wahrheit nicht gespalten werden, und die Unterschiede, die offensichtlich zwischen den Nationen herrschen, entspringen lediglich ihrer Bindung an das Vorurteil. Würden die Menschen nur nach Wahrheit suchen, so würden sie sich einig finden.

Das zweite Bahá'í-Prinzip ist:

*Die Einheit der Menschheit*

Der eine alliebende Gott schenkt Seine göttliche Gnade und Gunst der ganzen Menschheit. Einer und alle sind Diener des Höchsten, und Seine Güte, Barmherzigkeit und Gnade ergießen sich über alle Seine Geschöpfe. Der Glanz des Menschentums ist eines jeden Erbteil.

Alle Menschen sind die Blätter und Früchte des gleichen

Baumes, sie alle sind Zweige des Baumes Adams und haben alle gleichen Ursprung. Der gleiche Regen ist auf alle herniedergegangen, die gleiche warme Sonne läßt sie wachsen, sie alle werden durch den gleichen Wind erfrischt. Der einzige Unterschied, der in der Tat besteht und Trennung bringt, ist der, daß es Kinder gibt, die einer Führung bedürfen, Unwissende, die Belehrung und Kranke, die Pflege und Heilung brauchen. Darum sage ich, daß die ganze Menschheit in die Barmherzigkeit und Gnade Gottes eingetaucht ist, wie uns die Heiligen Schriften sagen: alle Menschen sind gleich vor Gott. Er sieht nicht die Person an.

Das dritte Prinzip Bahá'u'lláhs lautet:

*Religion sollte Liebe und Zuneigung hervorrufen*

Die Religion sollte alle Herzen vereinen und Krieg und Streitigkeiten auf der Erde vergehen lassen, Geistigkeit hervorrufen und jedem Herzen Licht und Leben bringen. Wenn die Religion zur Ursache von Abneigung, Haß und Spaltung wird, so wäre es besser, ohne sie zu sein, und sich von einer solchen Religion zurückzuziehen, wäre ein wahrhaft religiöser Schritt. Denn es ist klar, daß der Zweck des Heilmittels die Heilung ist, wenn aber das Heilmittel die Beschwerden nur verschlimmert, so sollte man es lieber lassen. Jede Religion, die nicht zu Liebe und Einigkeit führt, ist keine Religion. Die heiligen Propheten waren alle gleichsam Seelenärzte, sie gaben Rezepte, um die Menschheit zu heilen. Darum stammen alle Mittel, die zu Erkrankungen führen, nicht vom großen und höchsten Arzte.

Das vierte Prinzip Bahá'u'lláhs ist:

*Die Einheit von Religion und Wissenschaft*

Wir mögen die Wissenschaft als einen Flügel und die Religion als einen anderen Flügel betrachten. Der Vogel braucht zwei Flügel, um fliegen zu können, einer allein wäre zwecklos. Jede Form von Religion, die der Wissenschaft nicht entspricht oder sich zu ihr im Gegensatz befindet, ist gleichbedeutend mit Unwissenheit, denn Unwissenheit ist der Gegensatz von Wissen.

Eine Religion, die nur aus vorurteilsvollen Riten und Bräuchen besteht, ist nicht die Wahrheit. Laßt uns ernstlich danach streben, zu Werkzeugen der Vereinigung von Religion und Wissenschaft zu werden.

'Alí, der Schwiegersohn Muḥammads, sagte: „Was mit der Wissenschaft übereinstimmt, ist auch mit der Religion in Einklang." Was immer die Intelligenz des Menschen nicht zu begreifen vermag, sollte auch von der Religion nicht angenommen werden. Die Religion geht mit der Wissenschaft Hand in Hand, und jede Religion, die der Wissenschaft widerspricht, ist nicht die Wahrheit.

Das fünfte Prinzip Bahá'u'lláhs lautet:

*Vorurteile der Religion,*
*der Rasse oder der politischen Zugehörigkeit*
*zerstören die Grundlagen der Menschheit*

Alle Spaltungen in der Welt, Haß, Krieg und Blutvergießen, werden durch das eine oder andere dieser Vorurteile hervorgerufen.

Die ganze Welt muß als ein einziges Land betrachtet werden, alle Völker als ein Volk und alle Menschen als Angehörige einer Rasse. Religionen, Rassen und Nationen sind alle nur Trennungen, die der Mensch gemacht hat, und nur in seinem Denken nötig. Vor Gott gibt es weder Perser, noch Araber, Franzosen oder Engländer, denn Gott ist ihrer aller Gott, und für Ihn gibt es nur eine Schöpfung. Wir müssen Gott gehorchen und danach streben, Ihm zu folgen, indem wir alle unsere Vorurteile hinwegtun und der Erde Frieden bringen.

Das sechste Prinzip Bahá'u'lláhs ist:

*Gleiche Daseinsmöglichkeiten*

Jedes menschliche Wesen hat das Recht zu leben, alle haben ein Anrecht auf Ruhe und auf ein gewisses Maß von Wohlstand. Wenn ein Reicher auf seinem Schloß in Üppigkeit und größter Behaglichkeit zu leben vermag, so sollte auch der Arme so viel erhalten können, daß er leben kann. Niemand dürfte Hungers sterben, jeder müßte ausreichende Kleidung haben. Es dürfte keiner im Übermaß leben, während andere keine Daseinsmöglichkeit besitzen.

Laßt uns mit unserer ganzen Kraft versuchen, bessere Verhältnisse zu schaffen, so daß keine einzige Seele hilflos ist.

Das siebente Prinzip Bahá'u'lláhs ist:

*Die Gleichstellung der Menschen – Gleichheit vor dem Gesetz*

Das Gesetz muß herrschen und nicht der einzelne. Dadurch wird die Welt zu einer Stätte der Schönheit werden und wahre Bruderschaft zustande kommen. Wenn die Menschen Zusammengehörigkeitsgefühl erlangt haben, werden sie zur Wahrheit hingefunden haben.

Das achte Prinzip Bahá'u'lláhs ist:

*Der Weltfrieden*

Die Völker und Regierungen aller Länder müssen einen obersten Gerichtshof wählen, in dem Mitglieder der einzelnen Länder und Regierungen in Einigkeit tagen. Alle Streitfragen sollen vor dieses Gericht gebracht werden, dessen Aufgabe die Verhütung von Kriegen ist.

Das neunte Prinzip Bahá'u'lláhs lautet:

*Daß sich die Religion nicht mit politischen Fragen befassen sollte*

Die Religion befaßt sich mit geistigen Fragen, die Politik mit weltlichen Angelegenheiten. Die Religion hat es mit der Gedankenwelt zu tun, während das Gebiet der Politik zum Bereich der äußeren Gegebenheiten gehört.

Die Aufgabe der Geistlichkeit liegt in der Erziehung des Volkes, in seiner Unterweisung, Beratung und Bildung, damit es geistig wachse. Mit politischen Fragen hat sie nichts zu tun.

Das zehnte Prinzip Bahá'u'lláhs ist:

*Bildung und Erziehung der Frauen*

Die Frauen sind mit den Männern auf Erden gleichberechtigt. Für die Religion und die Gemeinschaft stellen sie einen sehr wichtigen Bestandteil dar. Solange den Frauen die höchsten Möglichkeiten verschlossen bleiben, werden sie außerstande sein, die Bedeutung zu erlangen, zu der sie fähig wären.

Das elfte Prinzip Bahá'u'lláhs bezieht sich auf

*Die Macht des Heiligen Geistes,*
*durch den allein eine geistige Entfaltung möglich ist*

Nur durch den Odem des Heiligen Geistes ist geistige Entfaltung möglich. Wie sehr die materielle Welt sich auch entwickeln und wie prächtig sie sich schmücken mag, so wird sie doch stets leblos bleiben, solange nicht die Seele in ihr ist; denn es ist die Seele, die dem Körper Leben gibt. Der Körper an sich hat keine wirkliche Bedeutung. Ohne die Segnungen des Heiligen Geistes hätte der stoffliche Körper keine Regung.

Dies sind, ganz knapp erläutert, einige Grundsätze Bahá'u'lláhs.

Wir sollten alle, kurz gesagt, Verehrer der Wahrheit sein. Laßt uns zu jeder Zeit und in jedem Lande nach ihr suchen und dabei auf der Hut sein, uns nicht an Persönlichkeiten zu hängen. Schauen wir auf das Licht, wo immer es leuchtet, und werden wir fähig, das Licht der Wahrheit zu erkennen, gleichviel, wo es aufgeht. Laßt uns den Duft der Rosen durch die Dornen hindurch genießen und das sprudelnde Wasser aus jeder reinen Quelle trinken.

Seit meiner Ankunft in Paris hat es mir viel Freude bereitet, mit Parisern wie euch zusammenzukommen, denn ihr seid, Gott Lob, verständig, vorurteilsfrei und begierig, die Wahrheit zu erfahren. Ihr habt im Herzen Menschenliebe und müht euch, soweit ihr könnt, um die Sache der Wohlfahrt und die Verwirklichung der Einheit. Dies ist Bahá'u'lláhs besonderer Wunsch.

Ich bin darum so glücklich, unter euch zu sein, und ich bete für euch, daß ihr die Segnungen Gottes in euch aufnehmen und zur Ursache der Ausbreitung der Geistigkeit in diesem ganzen Lande werden möget.

Ihr habt bereits eine wundervolle materielle Zivilisation, und so soll euch auch geistige Zivilisation zuteil werden.

(Herr Bleck sprach 'Abdu'l-Bahá seinen Dank aus, der darauf erwiderte:)

Ich bin Ihnen sehr dankbar für die eben geäußerten freundlichen Gefühle. Ich hoffe, daß diese beiden Bewegungen in nicht zu ferner Zeit über die ganze Erde ausgedehnt sein werden. Dann wird die Einheit der Menschheit ihr Zelt im Mittelpunkt der Welt errichtet haben.

## 41.

## DAS ERSTE PRINZIP: SUCHE NACH WAHRHEIT

*Paris, Avenue de Camoens 4,*
*den 10. November 1911*

Das erste Prinzip der Lehre Bahá'u'lláhs ist die Suche nach Wahrheit.

Wenn jemand auf der Suche nach Wahrheit Erfolg haben möchte, muß er als erstes sein Auge gegenüber allem überkommenen Aberglauben der Vergangenheit schließen.

Die Juden haben überkommenen Aberglauben, die Buddhisten und Zoroastrier sind nicht frei davon so wenig wie die Christen. Alle Religionen wurden nach und nach durch Überlieferung und Dogmen eingeengt.

Alle halten sich jeweils für die einzigen Hüter der Wahrheit und meinen, daß jede andere Religion aus Irrtümern bestehe. Sie selbst hätten recht und alle übrigen unrecht. Die Juden glauben, allein die Wahrheit zu besitzen und verdammen alle anderen Religionen. Die Christen behaupten, ihre Religion sei die einzig wahre und alle übrigen falsch. Genauso die Buddhisten und Mohammedaner: alle umgeben sich mit Grenzen. Wenn alle einander verdammen, wo sollen wir dann die Warheit suchen? Da alle einander widersprechen, können sie nicht alle wahr sein. Wenn alle vermeinen, daß ihre Religion alleinig wahr sei, so machen sie sich selber blind für die Wahrheit, die in den anderen ist.

Ein Jude beispielsweise, der an die äußeren Bräuche der Religion Israels gebunden ist, gestattet sich nicht, zu erkennen, daß die Wahrheit auch in jeder anderen Religion sein kann; alles muß in seiner eigenen enthalten sein!

Wir sollten uns daher von den äußeren religiösen Formen und Bräuchen lösen. Wir müssen uns vergegenwärtigen, daß diese Formen und Bräuche, wie schön sie auch immer seien, nur Gewändern gleichen, in die das warme Herz und die lebendigen Glieder der göttlichen Wahrheit eingehüllt sind. Wir müssen die Vorurteile der Überlieferung fallen lassen, wenn wir die Wahrheit mit Erfolg im Kern von allen Religionen finden wollen. Wenn ein Zoroastrier glaubt, daß die Sonne Gott sei, wie vermag er sich dann mit anderen Religionen zu verbinden? Wie können die Götzendiener die Einheit Gottes fassen, wenn sie an ihre verschiedenen Götzen glauben?

Es ist daher klar, daß wir, um irgend welche Fortschritte in der Suche nach Wahrheit zu erzielen, dem Aberglauben entsagen müssen. Würden alle Suchenden diesem Grundsatz folgen, so würden sie die Wahrheit klar zu schauen vermögen.

Wenn sich fünf Menschen zusammentun, um die Wahrheit zu erforschen, so müssen sie damit beginnen, daß sich jeder über seine einzelne besondere Lage hinwegsetzt und alle vorgefaßten Meinungen fallen läßt. Um die Wahrheit zu finden, müssen wir von unseren Vorurteilen, unseren eigenen kleinlichen, alltäglichen Vorstellungen lassen; ein offener, empfänglicher Sinn ist nötig. Wenn unser Kelch vom Ich erfüllt ist, so ist in ihm kein Raum mehr für das Wasser des Lebens. Die Tatsache, daß wir meinen, selber im Recht zu sein und jeden anderen für im Unrecht halten, ist das größte aller Hindernisse auf dem Weg zur Einheit, und Einheit ist nötig, wenn wir zur Wahrheit kommen wollen, denn die Wahrheit ist nur e i n e.

Darum sollten wir gebieterisch den eigenen persönlichen Vorurteilen und dem Aberglauben entsagen, wenn wir ernstlich die Wahrheit zu erforschen wünschen. Wenn unser Verstand nicht zwischen Dogmen, Aberglauben und Vorurteilen auf der einen und der Wahrheit auf der anderen Seite unterscheidet, so können wir nicht zum Ziel gelangen. Suchen wir irgend etwas ernstlich, so werden wir uns allenthalben danach umtun. An diesen Grundsatz müssen wir uns in unserer Wahrheitssuche halten.

Die Wissenschaft muß angenommen werden. Keine Wahrheit kann einer anderen Wahrheit widersprechen. Das Licht ist gut, in welcher Lampe es auch brennen mag, eine Rose schön, in welchem Garten sie auch blühen mag. Ein Stern hat den gleichen Glanz, ob er aus dem Osten oder aus dem Westen scheint. Seid vorurteilsfrei, so werdet ihr die Sonne der Wahrheit lieben, an welchem Punkte des Horizontes sie auch aufgeht! Ihr werdet erkennen, daß das göttliche Licht der Wahrheit, wenn es in Jesus Christus schien, dann auch in Moses und in Buddha leuchtete. Der ernsthaft Suchende wird zu dieser Wahrheit finden. Das ist die Bedeutung der „Suche nach Wahrheit“. Sie bedeutet auch, daß wir gewillt sein müssen, alles beiseite zu legen, was wir früher gelernt haben und was unsere Schritte auf dem Weg zur Wahrheit hindern könnte. Wir dürfen nicht davor zurückschrecken, nötigenfalls unsere Erziehung von vorne zu beginnen. Wir dürfen unser Auge nicht durch die Liebe zu irgend einer Religion oder Person derartig blenden lassen, daß uns der Aberglaube in Fesseln schlägt. Wenn wir uns von allen diesen Banden lösen und mit ungebundenen Sinnen suchen, so werden wir auch fähig sein, ans Ziel zu gelangen.

„Suche die Wahrheit, und die Wahrheit wird dir Freiheit bringen." So werden wir die Wahrheit in allen Religionen erblicken, denn die Wahrheit ist in allen, und alle Wahrheit ist nur eine!

## 42.

## ZWEITES PRINZIP: DIE EINHEIT DER MENSCHHEIT

*11. November 1911*

Gestern sprach ich über das erste Prinzip der Lehre Bahá'u'lláhs, „Die Suche nach Wahrheit", und darüber, wie notwendig es für den Menschen ist, daß er alles beiseite legt, was im Grunde auf Aberglauben beruht, sowie auch jede Überlieferung, die seine Augen gegenüber der in allen Religionen liegenden Wahrheit blind zu machen vermöchte. Während er eine Religionsform liebt und an ihr hängt, darf er sich nicht gestatten, daß er alle übrigen verabscheut. Es ist erforderlich, daß er in allen Religionen nach Wahrheit sucht, und wenn sein Suchen ernst ist, wird er gewiß erfolgreich sein.

Die erste Entdeckung, die wir in unserer „Suche nach Wahrheit" machen, führt uns zum zweiten Prinzip, welches die „Einheit der Menschheit" ist. Alle Menschen sind Diener des einen Gottes. Ein Gott herrscht über alle Nationen der Welt und hat an all Seinen Kindern Freude. Alle Menschen gehören zu einer Familie. Die Krone der Menschheit ruht auf dem Haupte eines jeden Menschen.

In den Augen des Schöpfers sind alle Seine Kinder gleich. Seine Güte ergießt sich über alle. Er begünstigt weder das eine noch das andere Land. Sie alle sind in gleicher Weise Seine Geschöpfe. Da dies so ist, warum dann sollten wir Trennungslinien ziehen, die eine Rasse von der anderen scheiden? Warum dann sollten wir Schranken des Aberglaubens und der Überlieferung errichten, die Uneinigkeit und Haß unter die Menschen bringen?

Der einzige Unterschied zwischen den Gliedern der menschlichen Familie liegt in ihrer Stufe. Einige sind wie unwissende Kinder, die erzogen werden müssen, bis sie die Reife erlangen. Andere sind wie Kranke und müssen zart und sorgfältig behandelt werden. Keines von ihnen ist schlecht oder böse. Wir dürfen uns nicht von diesen armen Kindern abgestoßen fühlen. Wir müssen sie mit großer Güte behandeln, die Unwissenden belehren und die Kranken zärtlich hegen.

Bedenkt: die Einheit ist nötig für das Dasein. Liebe ist die wahre Ursache des Lebens, während Trennung Tod bringt. In der Welt der materiellen Schöpfung z. B. verdanken alle Dinge ihr gegenwärtiges Leben der Einheit. Die Urstoffe, aus denen das Holz, das Mineral oder der Stein bestehen, werden durch das Gesetz der Anziehung zusammengehalten. Hörte dieses Gesetz nur einen Augenblick lang auf zu wirken, so würden diese Elemente ihren Zusammenhalt verlieren, sie würden auseinanderfallen, und der Gegenstand in dieser besonderen Form würde nicht mehr bestehen. Das Gesetz der Anziehung hat gewisse Urstoffe in der Form dieser schönen Blume zusammengebracht; wird aber jene Anziehung aus diesem Mittelpunkt zurückgezogen, so wird die Blume zerfallen und ihr Bestand als Blume enden.

So ist es auch mit dem großen Körper der Menschheit. Das wunderbare Gesetz der Anziehung, des Einklangs und der Einheit hält diese wundersame Schöpfung zusammen.

Wie es mit dem Ganzen ist, so ist es auch mit den Teilen: Gleichviel ob Blume oder menschlicher Körper, wenn das Prinzip der Anziehung daraus zurückgezogen wird, so stirbt die Blume wie der Mensch. Es ist darum klar, daß Anziehung, Einklang und Liebe Ursache des Lebens sind, wogegen Abstoßung, Mißhelligkeiten, Haß und Trennung Tod bewirken.

Wir haben gesehen, daß alles, was Spaltung in die Welt des Daseins bringt, den Tod verursacht. In gleicher Weise wirkt das nämliche Gesetz in der Welt des Geistes.

Darum sollte jeder Diener des einen Gottes dem Gesetz der Liebe folgen und jederlei Haß, Uneinigkeit und Streit vermeiden. Wenn wir die Natur betrachten, so finden wir, daß sich die sanftmütigeren Tiere zu Rudeln und Herden zusammenschließen, während die wilden, reißenden Geschöpfe, wie der Löwe, der Tiger und der Wolf, ihr Leben im Dickicht der Wälder fern der Zivilisation verbringen. Zwei Wölfe oder zwei Löwen vermögen in Freundschaft miteinander zu leben, tausend Lämmer jedoch vermögen den gleichen Pferch zu teilen und Scharen von Rotwild eine Herde zu bilden. Zwei Adler können am gleichen Platze horsten, doch tausend Rehe sich in e i n e m Raume sammeln.

Der Mensch sollte zumindest zu den sanftmütigeren Tieren zählen; doch wenn er ergrimmt, wird er noch grausamer und heimtückischer als die wildesten Geschöpfe der Tierwelt!

Heute hat Bahá'u'lláh die „Einheit der Menschenwelt" verkündet. Alle Völker und Nationen gehören e i n e r Familie an, sind Kinder e i n e s Vaters und sollten zueinander wie Brüder und Schwestern sein. Ich hoffe, daß ihr euch bemühen werdet, diese Lehren zu leben und zu verbreiten.

Bahá'u'lláh hat uns gelehrt, auch unsere Feinde zu lieben und zu ihnen wie Freunde zu sein. Wenn alle Menschen diesem Prinzip gehorchten, so würde dadurch die größte Einigkeit und Einsicht in den Menschenherzen begründet werden.

## 43.

## DRITTES PRINZIP

## RELIGION SOLLTE LIEBE UND ZUNEIGUNG HERVORRUFEN

(„Daß Religion zu Liebe und Zuneigung führen sollte", wurde bereits in vielen der in diesem Buche aufgezeichneten Reden sowie bei der Erklärung verschiedener anderer Prinzipien stark betont.)

## 44.

## VIERTES PRINZIP: DIE ANERKENNUNG DER BEZIEHUNG ZWISCHEN RELIGION UND WISSENSCHAFT

*Paris, Avenue de Camoens 4,*
*12. November 1911*

'Abdu'l-Bahá sprach:

Ich habe zu euch über einige Prinzipien Bahá'u'lláhs und zwar über die Suche nach Wahrheit und die Einheit des Menschengeschlechtes gesprochen. Ich will nun das vierte Prinzip, die Anerkennung der Beziehung zwischen Religion und Wissenschaft, erklären.

Es gibt keinen Widerspruch zwischen wahrer Religion und Wissenschaft. Wenn eine Religion im Gegensatz zur Wissenschaft steht, wird sie zu reinem Aberglauben; das Gegenteil vom Wissen ist die Unwissenheit.

Wie kann ein Mensch etwas für einen Tatsache halten, das die Wissenschaft als unmöglich erwiesen hat? Glaubt er entgegen Seiner Vernunft, so ist dies eher unwissender Aberglaube als Glaube. Die wahren Prinzipien aller Religionen stimmen mit den Lehren der Wissenschaft überein.

Die Einheit Gottes ist logisch, und dieser Gedanke steht nicht im Widerspruch zu den Forschungsergebnissen der Wissenschaft.

Alle Religionen lehren uns, das Gute zu tun, großmütig, aufrichtig, wahrhaftig, gesetzestreu und ehrlich zu sein. Dies alles ist vernünftig und logischerweise der einzige Weg, auf dem die Menschheit vorwärts kommen kann.

Alle Religionsgesetze entsprechen der Vernunft und sind den Menschen angemessen, für welche sie geschaffen wurden, sowie dem Zeitalter, in dem ihnen gehorcht werden muß.

Die Religion umfaßt zwei Hauptteile: erstens den geistigen, zweitens den praktischen Teil.

Der geistige Teil bleibt immer unverändert. Alle Manifestationen Gottes und Seine Propheten lehrten die gleichen Wahrheiten und gaben das gleiche geistige Gesetz. Sie alle lehren das eine Buch der Gesittung. In der Wahrheit gibt es keine Spaltung. Die Sonne hat viele Strahlen ausgesandt, um den menschlichen Verstand zu erleuchten; das Licht ist immer das gleiche.

Der praktische Teil der Religion hat es mit äußeren Formen und Gebräuchen zu tun und mit der Art, gewisse Vergehen zu bestrafen. Dies ist die materielle Seite des Gesetzes, und sie leitet die Gewohnheiten und Sitten der Menschen.

Zu Zeiten Mose wurden zehn Verbrechen mit dem Tod bestraft. Dies änderte sich, als Christus kam. Der alte Grundsatz „Auge um Auge, Zahn um Zahn" wurde zu „Liebet eure Feinde, tut Gutes denen, die euch hassen", und so wurde das starre, alte Gesetz zu einem solchen der Liebe, des Erbarmens und der Duldsamkeit.

In früheren Zeiten wurde Diebstahl mit dem Verlust der rechten Hand bestraft. In unserer Zeit wäre dieses Gesetz nicht anwendbar. In diesem Zeitalter darf ein Mensch, der seinen Vater verflucht, noch weiterleben, während man ihn früher zum Tod verurteilt hätte. Darum ist es klar, daß sich das geistige Gesetz niemals wandelt, während die praktischen Vorschriften ihre Anwendung entsprechend den Erfordernissen der Zeit verändern müssen. Die geistige Seite der Religion ist die größere, die bedeutsamere von beiden, und sie ändert sich niemals. Sie bleibt die gleiche gestern, heute und immer! „Wie im Anfang, so auch heute und immerdar."

Nun sind alle im geistigen, unveränderlichen Gesetz jeder Religion enthaltenen sittlichen Fragen logisch richtig. Stünde die Religion im Gegensatz zur logischen Vernunft, so würde sie aufhören, Religion zu sein und wäre lediglich Überlieferung. Religion und Wissenschaft sind die beiden Flügel, auf denen sich die menschliche Geisteskraft zur Höhe erheben und mit denen die menschliche Seele Fortschritte machen kann. Mit einem Flügel allein kann man unmöglich fliegen: Wenn jemand versuchen wollte, nur mit dem Flügel der Religion zu fliegen, so würde er rasch in den Sumpf des Aberglaubens stürzen, währen er andererseits nur mit dem Flügel der Wissenschaft auch keinen Fortschritt machen, sondern in den hoffnungslosen Morast des Materialismus fallen würde. Alle gegenwärtigen Religionen sind zu abergläubischen Bräuchen herabgesunken und stimmen nicht mehr mit den wahren Grundsätzen der von ihnen vertretenen Lehre und auch nicht mit den wissenschaftlichen Entdeckungen unserer Zeit überein. Viele religiöse Führer sind zu der Auffassung gekommen, daß die Bedeutung der Religion hauptsächlich darin besteht, an einer Sammlung von bestimmten Dogmen und an der Ausübung von Riten und Zeremonien festzuhalten. Sie lehren diejenigen, deren Seelenheil sie betreuen, genau wie sie zu glauben, und diese halten sich zäh an die äußeren Formen und verwechseln sie mit der inneren Wahrheit.

Diese Formen und Riten weichen nun in den verschiedenen Kirchen und bei den verschiedenen Sekten voneinander ab und widersprechen sogar einander, wodurch sie Anlaß zu Uneinigkeit, Haß und Spaltung geben. Die Folge aller dieser Zwietracht ist die Meinung vieler gebildeter Menschen, daß Religion und Wissenschaft einander widersprechende Begriffe seien, daß die Religion keiner Überlegungskraft bedürfe und in keiner Weise durch die Wissenschaft gelenkt werden sollte, sondern daß beide notwendigerweise im Gegensatz zueinander stehen müßten. Die unglückliche Folge davon ist, daß die Wissenschaft abseits von der Religion dahintreibt und die Religion nichts als ein blindes und mehr oder minder gleichgültiges Befolgen der Vorschriften gewisser Religionslehrer ist, die auf Annahme ihrer eigenen Lieblingsdogmen dringen, selbst wenn sie der Wissenschaft widersprechen. Das ist eine Torheit, denn es ist völlig klar, daß Wissenschaft Licht ist, und weil es so ist, ist Religion, die wir mit Recht so nennen, nicht in Widerspruch zum Wissen.

Wir sind vertraut mit den Ausdrücken „Licht und Finsternis", „Religion und Wissenschaft". Religion jedoch, die nicht mit der Wissenschaft Hand in Hand geht, befindet sich selbst in der Dunkelheit des Aberglaubens und der Unwissenheit.

Viel von den Mißhelligkeiten und der Uneinigkeit in der Welt wird durch diese menschengemachten Gegensätzlichkeiten und Widersprüche hervorgerufen. Stünde die Religion im Einklang mit der Wissenschaft und würden sie miteinander gehen, so würde viel von dem Haß und der Bitternis vergehen, die die menschliche Rasse jetzt ins Elend bringen.

Bedenket, was den Menschen von den übrigen erschaffenen Wesen unterscheidet und ihn zu einem besonderen Geschöpf macht. Ist es nicht seine Urteilsfähigkeit, seine Intelligenz, und sollte er sich nicht in seinem religiösen Forschen ihrer bedienen? Ich sage euch: wäget alles, was euch als Religion geboten wird, sorgfältig auf der Waage der Vernunft und Wissenschaft. Wenn es die Probe besteht, so nehmt es an, denn es ist die Wahrheit. Stimmt es hingegen nicht damit überein, so weist es zurück, denn es ist dann Unwissenheit.

Blicket um euch und erkennet, wie die heutige Welt in Aberglauben und äußeren Formen untergeht!

Manche beten das Werk ihrer eigenen Einbildung an; sie machen sich einen selbsterdichteten Gott und verehren ihn, wenn das Erzeugnis ihres endlichen Verstandes nicht der unendliche, mächtige Schöpfer alles Sichtbaren und Unsichtbaren sein kann. Andere beten die Sonne oder Bäume und Steine an. In früheren Zeiten gab es Menschen, die das Meer, die Wolken und selbst den Staub verehrten.

Heute sind die Menschen in ihrer Verehrung derartig von äußeren Formen und Zeremonien abhängig geworden, daß sie so lange über einzelne kirchliche Bräuche oder besondere Übungen streiten, bis man allerseits über ermüdende Erörterungen und Unruhe klagen hört. Es gibt Menschen, die einen schwachen Intellekt besitzen, und ihre Verstandeskräfte sind nicht entwickelt; aber man darf nicht etwa die Kraft und Macht der Religion wegen der Begriffsunfähigkeit dieser Menschen in Zweifel ziehen.

Ein kleines Kind kann die Gesetze, die die Natur beherrschen, nicht verstehen, das rührt jedoch vom unreifen Verstand dieses Kindes her. Wenn es älter geworden und erzogen ist, so wird es auch die ewigen Wahrheiten verstehen. Ein Kind begreift nicht, daß sich die Erde um die Sonne dreht; wenn aber seine Intelligenz erwacht, so ist ihm diese Tatsache ganz klar und einfach.

Die Religion kann unmöglich im Gegensatz zur Wissenschaft stehen, wenn auch mancher Verstand zu schwach oder nicht reif genug ist, um die Wahrheit zu begreifen.

Gott hat Religion und Wissenschaft gewissermaßen zum

Maßstab unseres Verstehens gemacht. Seid achtsam, eine so wunderbare Kraft nicht zu vernachlässigen. Wägt alles auf dieser Waage.

Für den, der Fassungskraft besitzt, ist die Religion wie ein offenes Buch. Wie aber könnte ein Mensch ohne Vernunft und Verstandeskraft die göttlichen Wirklichkeiten verstehen?

Bringt euren ganzen Glauben in Übereinstimmung mit der Wissenschaft. Es kann keinen Gegensatz geben, weil es nur e i n e Wahrheit gibt. Wenn die Religion, befreit von Aberglauben, Überlieferungen und unverständigen Dogmen, ihre Übereinstimmung mit der Wissenschaft dartut, so wird eine große einigende, reinigende Kraft in der Welt sein, die alle Kriege, Uneinigkeiten, Mißklänge und Streitigkeiten vor sich herkehrt, und dann wird die Menschheit in der Macht der Gottesliebe vereinigt werden.

## 45.

## FÜNFTES PRINZIP: DIE AUFHEBUNG DER VORURTEILE

*Paris, Avenue de Camoens 4,*
*13. November 1911*

Alle Vorurteile, mögen sie solche der Religion, der Rasse, der Politik oder der Nation sein, müssen fallen, denn diese Vorurteile haben die Krankheit der Welt verursacht. Es ist eine schwere Krankheit, die, wenn ihr nicht Einhalt geboten wird, die ganze menschliche Rasse vernichten kann. Alle verderblichen Kriege mit ihrem furchtbaren Blutvergießen und Elend, wurden durch eines oder das andere dieser Vorurteile hervorgerufen.

Die traurigen Kriege, die sich in diesen Tagen ereignen, werden durch den fanatischen religiösen Haß der Menschen untereinander oder durch die Vorurteile der Rasse oder Farbe hervorgerufen.

Ehe nicht alle diese durch Vorurteile errichteten Schranken hinweggefegt sind, ist die Menschheit nicht in der Lage, Frieden zu halten. Darum sagte Bahá'u'lláh: „Diese Vorurteile wirken zerstörend auf die Menschheit."

Denkt einmal über das Vorurteil der Religionen nach: Schauet euch die Nationen der sogenannten frommen Völker an. Würden sie wirklich Gott verehren, so würden sie Seinem Gesetz gehorchen, das ihnen untersagt, einander zu töten.

Würden die Priester der Religionen wirklich den Gott der Liebe verehren und dem göttlichen Lichte dienen, so würden sie ihre Anhänger lehren, das Hauptgebot zu befolgen, das heißt, „mit allen Menschen in Liebe und Barmherzigkeit zu verkehren". Doch wir begegnen dem Gegenteil, denn oft sind es die Priester, die die Nationen zum Kampf ermuntern. Der religiöse Haß ist immer der grausamste.

Alle Religionen lehren, daß wir einander lieben und unsere eigenen Fehler herausfinden sollten, bevor wir uns erkühnen, die Fehler anderer zu verdammen, und daß wir uns nicht über unseren Nächsten erheben dürfen. Wir müssen auf der Hut sein, uns nicht zu erhöhen, um nicht erniedrigt zu werden.

Wer sind wir, daß wir richten sollten? Wie können wir wissen, welcher Mensch vor Gott der rechtschaffenste ist? Gottes Gedanken gleichen nicht unseren Gedanken. Wie viele Menschen, die den Freunden wie Heilige schienen, sind in die tiefste Erniedrigung gefallen. Denket an Judas Ischariot. Er fing gut an, doch erinnert euch seines Endes. Paulus, der Apostel, hingegen, war in seinem früheren Leben ein Gegner Christi und wurde später Sein getreuester Diener. Wie können wir uns dann wohl selber schmeicheln und andere niedrig schätzen?

Lasset uns darum demütig und ohne Vorurteile sein und die Wohlfahrt der anderen vor unsere eigene stellen. Lasset uns niemals sagen: „Ich bin ein Gläubiger, der aber ist ein Ungläubiger." „Ich bin Gott nahe, der aber ist ausgestoßen." Wir können niemals wissen, welches das endgültige Urteil sein wird. Darum lasset uns allen helfen, die irgendwie Beistand brauchen.

Lasset uns die Unwissenden lehren und uns dem kleinen Kinde widmen, bis es reif ist. Finden wir einen Menschen, der in den Tiefen des Elends und der Sünde versunken ist, so müssen wir gut zu ihm sein, ihn bei der Hand nehmen und ihm helfen, daß er wieder Boden unter den Füßen findet und seine

Kräfte zurückgewinnt. Wir müssen ihn mit Liebe und Zartheit leiten und ihn als Freund und nicht als Feind behandeln.

Wir haben kein Recht, auf irgendeinen unserer Mitvergänglichen als böse herabzuschauen.

Was das Rassenvorurteil anbetrifft, so ist es eine Täuschung, reiner, bloßer Aberglaube, hat Gott doch uns alle aus einer Rasse erschaffen. Im Anfang gab es keine Unterschiede, denn wir stammen alle von Adam ab. Es gab also im Anfang keine Schranken und Grenzen zwischen den verschiedenen Ländern. Kein Teil der Erde gehörte dem einen Volke mehr als dem anderen. Im Angesicht Gottes ist kein Unterschied zwischen den verschiedenen Rassen. Warum sollte der Mensch ein solches Vorurteil erfinden? Wie können wir einen Krieg unterstützen, dessen Ursache eine Einbildung war?

Gott hat die Menschen nicht erschaffen, damit sie einander vernichten. Alle Rassen, Stämme, Sekten und Klassen haben gleichen Anteil an der Güte ihres himmlischen Vaters.

Der einzige Unterschied liegt im Ausmaß ihrer Treue, ihres Gehorsams gegenüber den Gesetzen Gottes. Einige sind wie brennende Fackeln, andere wie Sterne, die am Himmel der Menschheit leuchten. Die Freunde der Menschheit sind die hochstehenden Menschen, gleichviel welcher Nation, welchem Bekenntnis und welcher Farbe sie angehören mögen, denn sie sind es, zu denen Gott die gesegneten Worte sprechen wird: „Wohlgetan, meine guten und getreuen Knechte!" An jenem Tage wird er nicht fragen: „Bist du Engländer, Franzose oder vielleicht Perser? Kommst du vom Osten oder vom Westen?"

Die einzige wirkliche Unterscheidung ist diese: Es gibt himmlische und irdische Menschen, aufopferungsvolle Diener der Menschheit in der Liebe des Höchsten, die Harmonie und Einigkeit bringen, indem sie die Menschen Frieden und guten Willen lehren. Auf der anderen Seite stehen jene selbstischen Menschen, Bruderhasser, in deren Herzen Vorurteil statt liebender Güte ist und deren Einfluß Uneinigkeit und Streit hervorruft.

Welcher Rasse oder Farbe gehören diese beiden Teile der Menschheit an, der weißen, gelben, schwarzen, dem Osten oder dem Westen, dem Norden oder dem Süden? Wenn das die

Unterscheidungen Gottes sind, warum dann sollten wir andere erfinden? Das politische Vorurteil ist ebenso verderblich. Es ist eine der größten Ursachen bitteren Streites unter den Menschenkindern. Es gibt Menschen, die sich freuen, wenn sie Zwietracht stiften, die sich dauernd bemühen, ihr Land in den Krieg mit anderen Nationen zu hetzen. Und warum? Sie vermeinen, ihrem eigenen Land zum Nachteil aller übrigen einen Vorteil zu verschaffen. Sie entsenden Heere, um das Land zu erschöpfen und zu zerstören, um in der Welt berühmt zu werden, und aus Freude am Erobern, damit gesagt werden kann: „Solch ein Land hat ein anderes vernichtet und es seiner stärkeren, überlegeneren Herrschaft unterworfen.“ Dieser Sieg, der um den Preis von vielem Blutvergießen errungen wurde, hat keine Dauer. Eines Tages wird der Sieger besiegt sein, und der Besiegte siegen. Erinnert euch der verflossenen Geschichte: War Frankreich nicht mehr als einmal über Deutschland siegreich, und hat die deutsche Nation nicht später Frankreich überwunden?

Wir hören auch, daß Frankreich über England siegte, und die englische Nation dann siegreich über Frankreich war.

Derartige glänzende Eroberungen sind so vergänglich. Warum mißt man ihnen und ihrem Ruhm eine solche Bedeutung bei, daß man bereit ist, das Blut des Volkes für ihre Erreichung zu vergießen? Ist irgendein Sieg die unvermeidliche Kette von Trübsalen wert, die auf den Menschenmord folgt, den Kummer, die Sorge und den Zusammenbruch, die über so viele Heime der beiden Nationen kommen müssen? Denn es ist nicht möglich, daß nur e i n Land leide.

Ach, warum will der Mensch, das ungehorsame Kind Gottes, das ein Beispiel für die Macht des geistigen Gesetzes sein soll, sein Angesicht hinwegwenden von der göttlichen Lehre und seine ganze Anstrengung der Vernichtung und dem Kriege widmen?

Meine Hoffnung ist, daß das göttliche Licht der Liebe seinen Glanz in diesem erleuchteten Jahrhundert über die ganze Welt verbreiten und bei jedem Menschen die Einsicht seines empfänglichen Herzens ansprechen möge, daß das Licht der Sonne der Wahrheit die Politiker dahin leite, alles Verlangen nach Vorurteilen und Aberglauben hinwegzutun und mit befreiten Sinnen Gottes Politik zu befolgen: denn göttliche Politik ist mächtig, die Politik der Menschen hingegen schwächlich. Gott hat die ganze Welt erschaffen und verleiht einem jeden Geschöpf Seine göttliche Güte.

Sind wir nicht Gottes Diener? Sollen wir versäumen, dem Beispiel unserer Meister nachzufolgen, und Seine Gebote unbeachtet lassen? —

Ich bete darum, daß das Reich auf die Erde komme und der Glanz der himmlischen Sonne alles Dunkel zerteile.

## 46.

## SECHSTES PRINZIP: DIE MITTEL FÜR DEN LEBENSUNTERHALT

*Paris, Avenue de Camoens 4*

Einer der wichtigsten Grundsätze der Lehre Bahá'u'lláhs ist das Anrecht eines jeden menschlichen Wesens auf das nötige tägliche Brot oder die Angleichung der Mittel, die es zum Leben braucht.

Die Ordnung der menschlichen Verhältnisse muß so sein, daß die Armut verschwindet, daß jeder weitestmöglich seinem Rang und seiner Stellung entsprechend an Behaglichkeit und Wohlergehen beteiligt ist.

Wir sehen unter uns einerseits Menschen, die mit Reichtümern überhäuft sind, und andererseits jene Unglücklichen, die mittellos verhungern, jene, die eine Anzahl stattlicher Schlösser besitzen, und jene anderen, die nicht wissen, wo sie ihr Haupt hinlegen sollen. Wir finden manche, die sich zahlreiche Gänge kostspieliger und leckerer Speisen leisten, während andere kaum genügend Brosamen finden, um sich am Leben zu erhalten. Während sich einige in Sammet, Pelze und feines Leinen kleiden, haben andere nur unzureichende, ärmliche und dünne Kleidung gegen die Kälte.

Die Sachlage ist verkehrt und muß geändert werden, doch muß die Heilung sorgfältig erfolgen. Sie ist nicht dadurch zu erreichen, daß man völlige Gleichheit unter den Menschen herstellt.

Gleichheit ist ein Hirngespinst. Sie ist völlig undurchführbar. Selbst wenn sich Gleichheit schaffen ließe, vermöchte sie nicht zu bestehen, und wenn ihr Fortbestand möglich wäre, so würde dadurch die ganze Ordnung der Welt vernichtet werden. Das Gesetz der Ordnung muß immer in der Menschenwelt walten. So hat es der Himmel, als er den Menschen erschuf, verordnet.

Manche Menschen sind hochbegabt, die anderen mittelmäßig und wieder andere unbegabt. In diesen drei Menschenklassen ist Ordnung, aber keine Gleichheit. Wie könnten wohl Weisheit und Dummheit gleich sein? Die Menschheit braucht, wie in einem großen Heer, einen General, Hauptleute, Unteroffiziere in verschiedenen Rängen und Soldaten, jeden mit seinem eigenen Pflichtenkreis. Ränge sind zur Sicherung einer geregelten Ordnung durchaus nötig. Ein Heer vermag nicht nur aus Generälen oder Hauptleuten, oder nur aus Soldaten ohne Vorgesetzte zu bestehen. Sicher würde ein derartiger Plan dazu führen, daß das ganze Heer der Unordnung und der Zersetzung anheimfällt.

König Lykurg, der Philosoph, entwarf einen großen Plan, um die Untertanen von Sparta einander gleich zu machen. Mit Selbstaufopferung und Weisheit wurde der Versuch begonnen. Dann rief der König das Volk seines Reiches zusammen und ließ es einen großen Schwur tun, wonach es die Ordnung der Regierung unveränderlich wahren würde, falls er das Land verließe, und es sich bis zu seiner Rückkehr durch nichts zu Änderungen bestimmen ließe. Nachdem er sich dieses Schwurs versichert hatte, verließ er sein Königreich Sparta und kam nicht wieder. Lykurg gab seine Stellung preis, indem er seinem hohen Amt entsagte, weil er glaubte, durch die Gleichmachung des Besitzes und der Lebensbedingungen in seinem Reich das dauernde Wohlergehen des Landes zu erreichen. Alle Selbstaufopferung des Königs war jedoch vergebens. Der große Versuch mißlang: nach einiger Zeit war alles vernichtet. Seine sorgsam erdachte Verfassung fand ein Ende.

Die Zwecklosigkeit eines solchen Systemversuches und die Unmöglichkeit, gleiche Daseinsbedingungen zu erreichen, zeigten sich im alten Königreich Sparta. In unseren Tagen wären alle derartigen Versuche gleichfalls zum Versagen verurteilt.

Da nun aber manche Menschen außerordentlich reich und andere beklagenswert arm sind, so bedarf es einer Ordnung, die diesen Stand der Dinge überprüft und bessert. Es ist ebenso wichtig, den Reichtum zu beschränken, wie auch die Armut zu begrenzen. Keines der beiden Extreme ist gut, höchst wünschenswert ist der Mittelweg. Wenn es recht ist, daß ein Kapitalinhaber großes Vermögen besitzt, so ist es auch gerecht, daß seine Arbeiter genügend Mittel zum Dasein haben.

Es sollte keinen Geldmann mit gewaltigem Reichtum geben, solange in seiner Nähe ein Armer in entsetzlicher Not ist. Wenn wir sehen, daß Armut einen Zustand des Hungerleidens erreicht, so ist dies ein sicheres Zeichen, daß irgendwo Unterdrückung ist. Die Menschen müssen sich in dieser Frage rühren und nicht länger versäumen, Zustände zu ändern, die einen sehr großen Teil des Volkes ins Elend drückender Armut bringen. Die Reichen müssen von ihrem Überfluß abgeben, ihre Herzen erweichen und mitleidsvolles Verständnis pflegen, indem sie sich um jene Beklagenswerten kümmern, denen es am Nötigsten mangelt.

Besondere Gesetze müssen erlassen werden, die sich mit diesen Gegensätzen des Reichtums und des Mangels befassen. Die Regierungsmitglieder sollten Gottes Gesetze beachten, wenn sie Pläne für die Lenkung des Volkes machen. Die allgemeinen Menschenrechte müssen behütet und erhalten bleiben.

Die Länderregierungen sollten dem göttlichen Gesetz entsprechen, das allen gleiches Recht gibt. Das ist der einzige Weg, auf dem der beklagenswerte Überfluß großen Reichtums und die elende, zersetzende und entwürdigende Armut zu beseitigen sind. Nicht eher, als bis dies geschehen ist, wird Gottes Gebot befolgt sein.

## 47.

## SIEBENTES PRINZIP: DIE GLEICHSTELLUNG DER MENSCHEN

„Die Gesetze Gottes sind keine Auflagen des Willens noch der Macht oder des Beliebens, sondern Ergebnisse der Wahrheit, der Vernunft und der Gerechtigkeit!"

Alle Menschen sind gleich vor dem Gesetz, das ohne Einschränkungen gelten muß.

Das Ziel der Strafe ist nicht Rache, sondern die Verhütung des Verbrechens.

Die Könige müssen mit Weisheit und Gerechtigkeit herrschen. Der Fürst, der Edelmann und der Bauer haben gleichermaßen Anspruch auf gerechte Behandlung. Der einzelne darf keine Begünstigung erfahren. Richter dürfen nicht die „Person ansehen", sondern müssen in jedem vorgebrachten Fall mit strenger Unparteilichkeit nach dem Gesetz verfahren.

Wenn jemand ein Verbrechen an dir begeht, so hast du nicht das Recht, ihm zu vergeben, sondern das Gesetz muß ihn bestrafen, um eine Wiederholung des gleichen Verbrechens durch andere zu verhüten; denn das Leiden des einzelnen ist unwesentlich gegenüber dem allgemeinen Wohlergehen des Volkes.

Wenn in jedem Land der östlichen und der westlichen Welt vollkommene Gerechtigkeit herrscht, dann wird die Erde zu einer Stätte der Schönheit werden. Die Würde und Gleichheit eines jeden Dieners Gottes wird anerkannt werden. Das hohe Ziel der Zusammengehörigkeit der menschlichen Rasse, der wahren menschlichen Bruderschaft, wird verwirklicht werden und das herrliche Licht der Sonne der Wahrheit die Seelen aller Menschen erleuchten.

## 48.

## ACHTES PRINZIP: UNIVERSALER FRIEDE — ESPERANTO

*Paris, Avenue de Camoens 4*

Ein höchster Gerichtshof muß durch die Völker und Regierungen aller Staaten errichtet werden und aus gewählten Mitgliedern aller Länder und Regierungen bestehen. Die Mitglieder dieses großen Rates müssen in Einigkeit tagen. Alle Streitigkeiten internationalen Charakters sind diesem Gerichtshof zu unterbreiten, dessen Sache es ist, durch Schiedsspruch alles zu schlichten, was sonst zur Ursache des Krieges würde. Die Aufgabe dieses Gerichtshofes wäre, den Krieg zu verhindern.

Einer der großen Schritte zum Universalen Frieden wäre auch die Einführung einer universalen Sprache. Bahá'u'lláh gebietet, daß die Diener der Menschheit zusammenkommen, um entweder eine bereits bestehende Sprache auszuwählen, oder eine neue zu bilden. Dies wurde im Kitáb-i-Aqdas (dem „Buch der Gesetze") vor vierzig Jahren geoffenbart. Es wird darin dargetan, daß die Frage der mannigfachen Sprachen eine sehr schwierige ist. Es gibt mehr als achthundert Sprachen in der Welt, und niemand könnte sie alle erlernen.

Die Menschenrassen sind nicht mehr wie früher voneinander abgesondert. Heute muß man, um mit allen Ländern enge Verbindung zu halten, ihre Sprachen sprechen können.

Eine universale Sprache würde den Verkehr mit allen Nationen möglich machen. Man müßte dann lediglich zwei Sprachen kennen, die Muttersprache und die universale Sprache. Die letzte würde dem Menschen die Verbindung mit jedem und allen Menschen in der Welt gestatten.

Eine dritte Sprache wäre dann nicht mehr nötig. Wie nützlich und beruhigend wäre es doch für alle, wenn man sich mit einem Angehörigen irgendeiner Rasse oder irgendeines Landes unterhalten könnte, ohne einen Dolmetscher zu brauchen!

Esperanto wurde im Hinblick auf dieses Ziel geschaffen. Es ist eine feine Erfindung und ein ausgezeichnetes Stück Arbeit, aber es muß vervollkommnet werden. Esperanto ist so, wie es ist, für manche Menschen sehr schwierig.

Man sollte einen internationalen Kongreß berufen, der aus Abgeordneten aller Länder der Welt, des Ostens wie des Westens, besteht. Dieser Kongreß müßte eine Sprache schaffen, die alle erlernen könnten, und alle Länder würden daraus großen Nutzen ziehen.

Bis eine solche Sprache im Gebrauch ist, wird die Welt noch weiter die gewaltige Notwendigkeit eines solchen Verbindungsmittels spüren. Die Verschiedenheit der Sprache ist eine der stärksten Ursachen der Abneigung und des Mißtrauens unter den Völkern, die weit mehr als durch alle anderen Gründe durch die Unfähigkeit zur sprachlichen Verständigung getrennt sind.

Wenn alle e i n e Sprache sprächen, wieviel leichter ließe sich dann der Menschheit dienen!

Darum schätzet „Esperanto", denn es ist die beginnende Durchführung eines der wichtigsten Gebote Bahá'u'lláhs, und es muß weiterhin verbessert und vervollkommnet werden.

## 49.

## NEUNTES PRINZIP: DIE RELIGION SOLL SICH NICHT MIT POLITIK BEFASSEN

*Paris, Avenue de Camoens 4,*
*17. November 1911*

Der Mensch wird in seiner Lebensführung durch zwei Hauptbeweggründe geleitet: die „Hoffnung auf Belohnung" und die „Furcht vor der Strafe".

Diese Hoffnung und Furcht muß darum durch alle Hoheitsträger beachtet werden, die wichtige Regierungsstellen bekleiden. Ihre Aufgabe ist es, miteinander über die Schaffung von Gesetzen zu beraten und für ihre gerechte Anwendung zu sorgen.

Das Zelt der Ordnung der Welt ist auf den beiden Pfeilern der „Belohnung und Vergeltung" aufgerichtet und begründet.

In Gewaltstaaten, die unter der Führung von Menschen ohne göttlichen Glauben stehen, in denen es keine Furcht vor geistiger Vergeltung gibt, ist die Durchführung der Gesetze willkürlich und ungerecht.

Nichts kann die Unterdrückung besser verhüten als diese beiden Empfindungen: Hoffnung und Furcht. Sie haben sowohl politische als auch geistige Folgen.

Würden die Handhaber des Gesetzes die geistigen Folgen ihrer Entscheidungen erwägen und der Führung durch den Glauben gehorchen, so würden sie göttliche Mittler in der Welt des Handelns sein, „die Stellvertreter Gottes für jene, die auf Erden sind, und um der Liebe Gottes willen die Belange Seiner Diener wie ihre eigenen verfechten". Wenn sich ein Herrscher seiner Verantwortung bewußt ist und sich fürchtet, dem göttlichen Gesetz zuwider zu handeln, werden seine Urteile gerecht sein. Vor allem, wenn er glaubt, daß ihn die Folgen seines Handelns über sein Erdenleben hinaus begleiten und „daß er ernten muß, was er gesät hat", wird solch ein Mann ganz sicher Ungerechtigkeit und Unterdrückung meiden.

Wenn umgekehrt ein Beamter denkt, daß alle Verantwortung für sein Handeln mit seinem Erdenleben zu Ende geht, und er nichts von göttlicher Gunst und einem geistigen Reich der Freude weiß, noch daran glaubt, so wird ihm der Antrieb zu gerechtem Handeln und die Eingebung, Unterdrückung und Ungerechtigkeit auszumerzen, fehlen.

Wenn ein Herrscher weiß, daß der göttliche Richter seine Urteile auf die Waage legt und daß er, wenn er ohne Mangel erfunden wurde, in das himmlische Reich tritt, und daß dann das Licht der himmlischen Güte über ihm scheinen wird, so wird er sicher gerecht und unparteiisch handeln. Sieh, wie wichtig es ist, daß die Minister durch die Religion erleuchtet werden!

Die Geistlichkeit indessen befasse sich nicht mit politischen Fragen! Religiöse Angelegenheiten sollten im gegenwärtigen Zustand der Welt keine Vermengung mit Politik erfahren (denn ihre Belange sind nicht die gleichen).

Die Religion ist eine Sache des Herzens, des Geistes und der Gesittung.

Die Politik befaßt sich mit den materiellen Dingen des Lebens. Religiöse Lehrer sollten sich nicht in den Bereich der Politik begeben. Sie sollten sich mit der geistigen Erziehung des Volkes befassen. Sie sollten den Menschen stets guten Rat erteilen und versuchen, Gott und der Menschheit zu dienen. Sie sollten sich bemühen, geistiges Streben zu wecken und danach trachten, das Verständnis und die Erkenntnis der Menschheit zu erweitern, die Sitten zu verbessern und die Liebe zur Gerechtigkeit zu verstärken.

Dies entspricht der Lehre Bahá'u'lláhs. Auch im Evangelium heißt es: „Gebt dem Kaiser, was des Kaisers, und Gott, was Gottes ist."

In Persien finden wir unter den bedeutenden Staatsministern einige, die Religion besitzen, die vorbildlich sind und Gott verehren, die sich fürchten, Seine Gesetze zu verletzen, gerecht im Urteil sind und unparteiisch regieren. Doch gibt es in dem Land auch Statthalter, die keine Gottesfurcht haben, nicht an die Folgen ihrer Handlungen denken und nach eigenem Begehren handeln, und sie haben Persien große Sorgen und Schwierigkeiten bereitet.

O Freunde Gottes, seid lebende Beispiele der Gerechtigkeit, damit die Welt durch Gottes Barmherzigkeit an euren Handlungen sehen möge, wie ihr die Eigenschaften der Gerechtigkeit und der Barmherzigkeit enthüllt!

Die Gerechtigkeit ist nicht begrenzt, sie ist eine universale Tugend. Alle Klassen, von der höchsten bis zu den niedersten müssen sie üben. Die Gerechtigkeit muß heilig sein, und die Rechte aller Menschen müssen berücksichtigt werden. Wünscht für andere nur, was ihr euch selbst wünscht. Dann werden wir uns der Sonne der Gerechtigkeit freuen, die von Gottes Horizont scheint.

Jeder Mensch wurde auf einen Ehrenposten gestellt, den er nicht aufgeben darf. Ein bescheidener Arbeiter, der eine Ungerechtigkeit begeht, ist genau so tadelnswert, wie ein berühmter Gewaltherr. So können wir alle zwischen Gerechtigkeit und Ungerechtigkeit wählen.

Ich hoffe, daß jeder von euch gerecht werden wird und seine Gedanken auf die Einheit der Menschheit richtet, daß ihr eurem

Nächsten nie schadet, noch von irgend jemandem schlecht sprecht, daß ihr die Rechte aller Menschen achtet und euch mehr den Belangen anderer als euren eigenen widmet. So werdet ihr zu Fackeln der göttlichen Gerechtigkeit werden und gemäß der Lehre Bahá'u'lláhs handeln, der in Seinem Leben zahllose Heimsuchungen und Verfolgungen ertrug, um der Menschenwelt die Tugenden der göttlichen Welt zu zeigen und euch die Möglichkeit zu geben, die höchste Herrschaft des Geistes zu erkennen und euch der Gerechtigkeit Gottes zu erfreuen.

Durch Seine Barmherzigkeit wird die göttliche Güte über euch kommen, und darum bete ich.

## 50.

## ZEHNTES PRINZIP: DIE GLEICHSTELLUNG DER GESCHLECHTER

*Paris, Avenue de Camoens 4,*
*14. November 1911*

Das zehnte Prinzip der Lehre Bahá'u'lláhs ist die Gleichstellung der Geschlechter.

Gott hat alle Geschöpfe in Paaren erschaffen. Der Mensch, das Tier, die Pflanze, alles in diesen drei Reichen ist zweierlei Geschlechtes, und unter ihnen herrscht völlige Gleichheit.

In der Pflanzenwelt gibt es männliche und weibliche Pflanzen. Sie haben gleiche Rechte und besitzen einen gleichen Anteil an der Schönheit ihrer Gattung, wenn man auch in der Tat sagen könnte, daß der Baum, der Früchte trägt, demjenigen, der keine trägt, überlegen ist.

Im Tierreich sehen wir, daß Männchen und Weibchen gleiche Rechte besitzen und daß jedes von ihnen an den Vorzügen seiner Gattung teilhat.

So sehen wir, daß in keinem der beiden niederen Reiche der Natur die Frage einer Überlegenheit des einen Geschlechtes über das andere besteht. In der Menschenwelt ist es wesentlich anders. Das weibliche Geschlecht wird als niedriger stehend betrachtet, und es werden ihm keine gleichen Rechte und Vorrechte gestattet. Dieser Zustand ist keine Folge der Natur, sondern der Erziehung. In der göttlichen Schöpfung gibt es keine derartige Unterscheidung. Vor dem Angesicht Gottes ist kein Geschlecht dem anderen überlegen. Warum sollte dann ein Geschlecht das andere als untergeordnet erklären und ihm wohlbegründete Rechte und Vorrechte vorenthalten, als hätte Gott seine Ermächtigung zu einem solchen Verhalten gegeben? Wenn die Frauen die gleichen Vorzüge der Erziehung genießen wie die Männer, so wird das Ergebnis zeigen, daß sich beide gleicherweise zur Bildung eignen.

In mancher Beziehung ist die Frau dem Manne überlegen. Sie ist weichherziger, empfänglicher und mit stärkerer Intuition begabt.

Es läßt sich nicht leugnen, daß die Frau zur Zeit in vielen Hinsichten hinter dem Mann zurückbleibt, daß aber diese vorübergehende Unterlegenheit auf den Mangel an Erziehungsmöglichkeiten zurückgeht. Im Lebenskampf ist die Frau instinktbegabter als der Mann, dankt er ihr doch bereits sein bloßes Dasein.

Ist die Mutter gebildet, so werden auch ihre Kinder gut unterrichtet werden. Ist die Mutter weise, so wird sie auch die Kinder auf den Weg der Weisheit leiten. Ist die Mutter religiös, so wird sie auch ihren Kindern zeigen, wie sie Gott lieben müssen. Ist die Mutter sittenrein, so wird sie auch ihre Kleinen auf den Pfad der Rechtlichkeit führen.

Es ist daher klar, daß die zukünftige Generation von den Müttern von heute abhängt. Ist das nicht eine wesentliche Verantwortung für die Frau? Bedarf sie da nicht jeder nur möglichen Förderung, um für eine solche Aufgabe gerüstet zu sein?

Darum gefällt es Gott sicher nicht, wenn ein so wichtiges Glied der Schöpfung wie die Frau nicht die entsprechende Erziehung erhält, um die gewünschten und nötigen Vollkommenheiten für ihre große Lebensaufgabe zu erlangen. Die göttliche Gerechtigkeit verlangt, daß die Rechte beider Geschlechter gleicherweise geachtet werden, da in den Augen des Himmels keines dem anderen überlegen ist. Die Würde vor Gott hängt nicht vom Geschlecht, sondern von der Reinheit und Leuchtkraft des Herzens ab. Menschliche Tugenden sind im gleichen Maße Eigentum aller.

Die Frau muß sich daher um größere Vervollkommnung bemühen, um dem Mann in jeder Beziehung gleich zu werden und in allem, worin sie zurückgeblieben war, fortzuschreiten, so daß der Mann gezwungen wird, ihre gleichen Möglichkeiten und Leistungen anzuerkennen.

In Europa haben die Frauen größere Fortschritte gemacht, als im Osten, aber es bleibt noch viel zu tun. Wenn Schüler am Ende ihrer Schulzeit stehen, werden sie geprüft, und das Ergebnis der Prüfung entscheidet über das Wissen und die Fähigkeit jedes Schülers. So wird es auch mit der Frau sein. Ihre Taten werden ihre Stärke beweisen. Es wird nicht mehr nötig sein, sie durch Worte zu verkünden.

Ich hoffe, daß sowohl die Frauen des Ostens, als auch ihre westlichen Schwestern rasche Fortschritte machen, bis die Menschheit vervollkommnet ist.

Gottes Güte ist für alle da und gibt die Kraft zu jedem Fortschritt. Besitzen die Menschen erst einmal die Gleichstellung der Frau, so werden die Frauen nicht mehr für ihre Rechte zu kämpfen brauchen. Daher ist einer der Grundsätze Bahá'u'lláhs die Gleichstellung der Geschlechter.

Die Frauen müssen größte Anstrengungen machen, um geistige Kraft zu erwerben und die Tugenden der Weisheit und Heiligkeit zu vermehren, bis es ihrer Erleuchtung und ihrem Streben gelingt, die Einheit der Menschheit zu verwirklichen. Sie müssen mit glühender Begeisterung arbeiten, um die Lehre Bahá'u'lláhs unter die Völker zu tragen, damit das strahlende Licht göttlicher Güte die Seelen aller Nationen der Erde umgebe.

## 51.

# ELFTES PRINZIP:
# DIE KRAFT DES HEILIGEN GEISTES

*Paris, Avenue de Camoens 4,*
*18. November 1911*

In den Lehren Bahá'u'lláhs heißt es: „Nur durch die Kraft des Heiligen Geistes vermag der Mensch Fortschritte zu machen, denn die Kraft des Menschen ist begrenzt und die göttliche Kraft ist unbegrenzt." Wenn wir die Geschichte verfolgen, so kommen wir zu dem Schluß, daß alle wirklich großen Menschen, die Wohltäter der menschlichen Rasse, jene, die die Menschen getrieben haben, das Rechte zu lieben und das Schlechte zu hassen, und die wirklichen Fortschritt brachten, durch die Kraft des Heiligen Geistes erleuchtet waren.

Die Propheten Gottes legten nicht alle eine Abschlußprüfung auf gelehrten philosophischen Schulen ab. Sie waren in der Tat oft Menschen niederer Herkunft, allem Anschein nach in den Augen der Welt unwissende, unbekannte Menschen ohne Bedeutung, die oft nicht einmal lesen und schreiben konnten.

Das, was diese Großen über die Menschen erhob und wodurch sie zu Lehrern der Wahrheit befähigt wurden, war die Kraft des Heiligen Geistes. Ihr Einfluß auf die Menschheit war vermöge dieser gewaltigen Eingebung groß und durchdringend.

Der Einfluß weisester Philosophen, die diesen göttlichen Geist nicht besaßen, war verhältnismäßig gering, wie umfassend ihr Wissen und wie tief ihre Gelehrsamkeit auch gewesen sein mögen.

Der ungewöhnliche Verstand eines Plato z. B., eines Aristoteles, Plinius und Sokrates, hat die Menschen nicht so stark beeinflußt, daß sie sich danach gesehnt hätten, ihr Leben für deren Lehren zu opfern, während einige jener schlichten Menschen die Menschheit derartig mit sich rissen, daß Tausende willig zu Märtyrern wurden, um ihre Worte zu erhärten, denn diese Worte waren durch den göttlichen Geist erleuchtet! Die Propheten Judas und Israels, Elias, Jeremias, Jesaja und Hesekiel, waren einfache Menschen, wie es auch die Apostel Jesu Christi waren.

Petrus, das Haupt der Apostel, pflegte den Ertrag seines Fischfangs in sieben Teile zu teilen, und wenn er davon für jeden Tagesbedarf seinen Teil genommen hatte und beim siebenten Teil angelangt war, wußte er, daß es Sabbat war. Bedenke dies und gedenke danach seiner späteren Stellung und der Ehre, die ihm zuteil ward, weil der Heilige Geist große Werke durch ihn vollbrachte.

Wir begreifen, daß der Heilige Geist die treibende Kraft im Leben des Menschen ist. Wer immer diese Kraft empfängt, vermag alle zu beeinflussen, mit denen er in Berührung kommt.

Die größten Philosophen, die diesen Geist nicht haben, sind machtlos, ihre Seelen haben kein Leben, und ihre Herzen sind tot. Bevor nicht der Heilige Geist ihre Seele durchweht, vermögen sie kein gutes Werk zu vollbringen. Kein philosophisches System ist je fähig gewesen, die Sitten und Gebräuche eines Volkes zum Besseren zu wandeln. Gelehrte, Philosophen, die nicht vom göttlichen Geiste erleuchtet waren, sind oft sittlich niedrig stehende Menschen gewesen. Sie haben in ihren Taten nicht die Wirklichkeit ihrer schönen Reden bekundet.

Der Unterschied zwischen geistigen und anderen Philosophen zeigt sich in ihrem Leben. Der geistige Lehrer bekundet seinen Glauben an die eigene Lehre dadurch, daß er selber *ist*, was er anderen anrät.

Ein schlichter, ungelernter, aber vom Heiligen Geist erfüllter Mensch ist mächtiger, als ein noch so edelgeborener, hoher Gelehrter, der diese Eingebung nicht hat. Wen der göttliche Geist erzogen hat, der kann zu seiner Zeit noch andere dazu führen, daß sie den gleichen Geist empfangen.

Ich bete für euch, daß ihr durch das Leben des göttlichen Geistes belehrt werden möget, damit ihr zur Ursache für die Erziehung anderer werdet. Das Leben und die Gesittung eines geistigen Menschen bedeuten an sich schon eine Erziehung für die, die ihn kennen.

Denket nicht an eure eigene Begrenztheit, sondern bauet allein auf die Wohlfahrt des Reiches der Ehre. Betrachtet den Einfluß Jesu Christi auf Seine Apostel und denket dann über deren Wirkung auf die Welt nach. Diese einfachen Menschen wurden durch die Macht des Heiligen Geistes befähigt, die frohen Botschaften zu verbreiten.

So möget ihr alle göttlichen Beistand empfangen! Keine Fähigkeit ist begrenzt, wenn sie vom Geiste Gottes gelenkt wird.

Die Erde an sich besitzt nicht die Eigenschaften des Lebens. Sie ist dürftig und trocken, bis Sonne und Regen sie fruchtbar machen. Dennoch braucht sich die Erde nicht über ihre eigene Begrenztheit zu beklagen.

Möget ihr Leben empfangen! Möge der Regen der göttlichen Barmherzigkeit und die Wärme der Sonne der Wahrheit euren Gärten Fruchtbarkeit schenken, auf daß darin viele schöne Blumen voll köstlichen Wohlgeruches und Liebe in Fülle erblühen. Wendet euer Angesicht von der Betrachtung eures vergänglichen Ichs ab und heftet den Blick auf das ewige Leuchten. Dann werden eure Seelen in vollem Maße die göttliche Kraft des Geistes und die Segnungen der unendlichen Güte empfangen.

Haltet ihr euch solchermaßen bereit, so werdet ihr der Menschenwelt zu einer lodernden Flamme, zu einem Leitstern und zu einem fruchtbehangenen Baume werden und durch den Glanz der Sonne des Erbarmens und durch die unendlichen Segnungen der Frohen Botschaften alle ihre Dunkelheit und Pein in Licht und Freude verwandeln.

Dies ist die Bedeutung der Kraft des Heiligen Geistes, um die ich für euch bete, daß sie freigebig auf euch herabkommen möge.

*Paris, Avenue de Camoens 4,*
*28. November 1911*

In diesen Versammlungen, bei denen wir uns getroffen und miteinander gesprochen haben, seid ihr alle mit den Prinzipien dieser Sendung und mit der Wirklichkeit der Dinge vertraut geworden. Es ist euch gegeben worden, diese Dinge zu erkennen, aber es gibt noch viele Menschen, die nicht erleuchtet und in Aberglauben versunken sind. Sie haben noch wenig von dieser großen und herrlichen Sache gehört, und das Wissen, das sie haben, beruht größtenteils nur auf Hörensagen. Ach, arme Seelen, ihr Wissen gründet nicht auf der Wahrheit, die Grundlage Ihres Glaubens ist nicht die Lehre von Bahá'u'lláh! Wohl ist etwas Wahres an dem, was man ihnen erzählt hat; der größte Teil ihrer Unterweisung aber war ungenau.

Die wirklichen Prinzipien der gesegneten Sache Gottes sind die elf Grundsätze, die ich euch angegeben und die ich sorgfältig einen nach dem anderen erläutert habe.

Ihr müßt euch bemühen, immer in unmittelbarem Gehorsam gegenüber den Lehren und Gesetzen Bahá'u'lláhs zu leben und zu handeln, auf daß jeder an allem, was ihr im Leben tun möget, erkenne, daß ihr im Wort und in der Tat Nachfolger der Gesegneten Schönheit seid.

Bemühet euch so, daß diese herrliche Lehre den Erdball umfasse und Geistigkeit in die Herzen der Menschen dringe.

Der Odem des Heiligen Geistes wird euch bestärken, und ob sich auch viele gegen euch wenden werden, so sollen sie doch nicht die Oberhand haben.

Als der Herr Christus mit Dornen gekrönt war, wußte Er, daß Ihm alle Kronen der Erde zu Füßen lagen. Alle irdischen Kronen, wie prachtvoll, mächtig und strahlend sie auch waren, beugten sich anbetungsvoll vor der Dornenkrone. Es war diese sichere und gewisse Erkenntnis, von der Er sprach, als Er sagte: „Mir ist alle Macht gegeben im Himmel und auf Erden."[1]).

Nun sage ich euch: bewahret es in euren Herzen und euren Sinnen. Fürwahr, euer Licht wird die ganze Erde erleuchten. Eure Geistigkeit wird das Innerste der Dinge berühren. Ihr sollt in Wahrheit die leuchtenden Fackeln des Erdballs werden. Fürchtet euch nicht und seid nicht bestürzt, denn euer Licht wird das tiefste Dunkel durchdringen. Dies ist Gottes Verheißung, die ich euch gebe. Erhebet euch und dienet der Macht Gottes!

---

[1]) Matth. 28, 18.

52.

## DIE LETZTE VERSAMMLUNG

*Paris, Rue Greuze 15,*
*1. Dezember 1911*

Als ich vor einiger Zeit zum erstenmal nach Paris kam, schaute ich mit großem Interesse umher und verglich in Gedanken diese schöne Stadt mit einem großen Garten.

Mit liebender Sorgfalt und viel Überlegung prüfte ich den Boden und fand ihn gut und voller Möglichkeit für einen standhaften Glauben und eine feste Überzeugung, denn eine Saat der Gottesliebe wurde dem Boden übergeben.

Wolken himmlischer Barmherzigkeit strömten auf sie ihren Regen hernieder, und die Sonne der Wahrheit fiel warm auf die jungen Saaten, und heute kann man in eurer Mitte die Geburt des Glaubens gewahren. Die Saat, die in den Boden gesenkt ward, beginnt zu sprießen, und ihr werdet sie von Tag zu Tag wachsen sehen. Die Segnungen aus dem Reiche Bahá'u'lláhs werden in der Tat eine wunderbare Ernte erbringen.

Seht, ich bringe euch frohe und freudige Botschaft! Paris wird zu einem Rosengarten werden. Alle Arten von schönen Blumen werden in diesem Garten sprießen und blühen, und der Ruhm ihres Duftes und ihrer Schönheit wird alle Länder durchdringen. Denke ich an das Paris der Zukunft, so meine ich, es in das Licht des Heiligen Geistes getaucht zu sehen. Wahrlich, es dämmert der Tag, an dem Paris seine Erleuchtung erhält, und die Güte und Barmherzigkeit Gottes werden jedem lebenden Geschöpf sichtbar werden.

Lasset nicht zu, daß euer Sinn in der Gegenwart weile, sondern schaut mit gläubigem Auge in die Zukunft, denn Gottes Geist wirkt wahrhaftig in eurer Mitte.

Seit meiner Ankunft vor wenigen Wochen kann ich die Geistigkeit wachsen sehen. Anfangs kamen nur wenige Seelen um Licht zu mir, doch während meines kurzen Aufenthaltes bei euch hat die Zahl zugenommen und sich verdoppelt. Das ist verheißungsvoll für die Zukunft.

Als Christus gekreuzigt wurde und von dieser Welt ging, hatte er nur elf Jünger und nur einige wenige, die ihm anhingen. Da Er aber der Sache der Wahrheit diente, so möget ihr heute das Ergebnis Seines Lebenswerkes betrachten. Er hat die Welt erleuchtet und der toten Menschheit Leben verliehen. Nach Seinem Aufstieg wuchs Seine Sache allmählich, die Seelen Seiner Anhänger strahlten stärker und stärker, und der erlesene Duft ihres heiligen Lebens verbreitete sich allenthalben.

Nun hat heute, Gott sei Dank, ein ähnlicher Zustand in Paris begonnen. Es gibt viele Seelen, die sich zum Reiche Gottes gewendet haben und die durch die Einigkeit, Liebe und Wahrhaftigkeit Gottes angezogen wurden.

Versucht, so zu wirken, daß die Güte und Barmherzigkeit Abhás das ganze Paris umfange. Der Odem des Heiligen Geistes wird euch helfen, das himmlische Licht des Königreiches wird euch ins Herz hineinscheinen, und die gesegneten Engel Gottes werden euch Kraft aus dem Himmel bringen und euch helfen. Danket dann Gott von ganzem Herzen, daß euch dieser höchste Vorzug zuteil ward. Ein großer Teil der Welt ist in Schlaf gesunken, ihr hingegen seid aufgeweckt worden. Viele sind blind, ihr aber seid sehend.

Der Ruf des Königreiches ist in eurer Mitte vernommen worden. Ehre sei Gott, ihr wurdet wiedergeboren. Ihr wurdet getauft durch das Feuer der Gottesliebe. Ihr wurdet in das Meer des Lebens getaucht und wiederbelebt durch den Geist der Liebe.

Seid dankbar zu Gott, daß ihr eine solche Gunst empfangen habt und zweifelt niemals an Seiner Güte und liebenden Geneigtheit, sondern habt unvergänglichen Glauben an die Gaben des Königreiches. Vereint euch in brüderlicher Liebe, seid bereit, für einander euer Leben zu geben, und nicht nur für die, die euch teuer sind, sondern für die gesamte Menschheit. Schaut auf die ganze Menschenrasse als Glieder e i n e r Familie, die alle die Kinder Gottes sind, und wenn ihr das tut, werdet ihr keinen Unterschied zwischen ihnen erblicken.

Wir mögen die Menschheit mit einem Baum vergleichen.

Dieser Baum hat Zweige, Blätter, Knospen und Früchte. Denket von allen Menschen, als wären sie Blumen, Blätter oder Knospen dieses Baumes, und versucht, allen und jedem zu helfen, auf daß sie Gottes Segnungen erkennen und sich ihrer erfreuen. Gott vernachlässigt keinen: er liebt alle.

Der einzige wirkliche Unterschied zwischen den Menschen ist, daß sie sich auf verschiedenen Entwicklungsstufen befinden. Einige sind unvollkommen — sie müssen vervollkommnet werden. Einige schlafen — sie müssen aufgeweckt werden. Einige sind säumig — sie müssen gerüttelt werden. Doch einer und alle sind Gottes Kinder. Liebet sie alle von ganzem Herzen. Keiner ist für den anderen ein Fremder, alle sind Freunde. Heute abend komme ich, um von euch Abschied zu nehmen, aber behaltet im Herzen, daß wir, wenn wir auch körperlich weit voneinander getrennt sind, im Geiste doch immer beisammen bleiben.

Ich trage jeden von euch und euch alle im Herzen und werde keinen von euch vergessen, und ich hoffe, daß keiner von euch mich vergessen wird.

Lasset uns mit Herz und Seele danach streben — ich im Osten und ihr im Westen — daß Einigkeit in der Welt sei, daß alle Völker zu einem Volke werden, und die ganze Erdoberfläche wie ein Land sei, denn die Sonne der Wahrheit scheint gleicherweise auf alle.

Alle Propheten Gottes sind aus Liebe zu diesem einen großen Ziele gekommen.

Sieh, wie Abraham bestrebt war, Glauben und Liebe unter die Menschen zu bringen, wie Moses versuchte, die Menschen durch feste Gesetze zu einen, wie der Herr Christus bis in den Tod hinein litt, um das Licht der Liebe und Wahrheit in eine verdüsterte Welt zu bringen, wie Muḥammad suchte, Einigkeit und Frieden in die verschiedenen unzivilisierten Stämme seiner Umgebung zu tragen. Und als letzter von allen hat Bahá'u'lláh vierzig Jahre lang für die gleiche Sache gelitten, für das einzige edle Ziel, Liebe unter die Menschenkinder zu tragen, und für den Frieden und die Einheit der Welt hat der Báb Sein Leben dahingegeben.

Bemühet euch deshalb, dem Beispiel dieser göttlichen Wesen

zu folgen, trinket aus ihrer Quelle, lasset euch durch ihr Licht erleuchten und werdet für die Welt zu Sinnbildern der Barmherzigkeit und der Liebe Gottes. Seid der Welt wie Regen und Wolken des Erbarmens, wie Sonnen der Wahrheit. Seid ein himmlisches Heer, und ihr werdet wirklich die Stadt der Herzen erobern.

Seid dankbar, daß Bahá'u'lláh einen festen und sicheren Grund gelegt hat. Er ließ keinen Raum für Trauer in den Herzen, und in den Schriften Seiner geheiligten Feder ist für die ganze Welt Trost enthalten. Er besaß die Worte der Wahrheit, und alles, was nicht mit seiner Lehre übereinstimmt, ist falsch. Das Hauptziel Seines ganzen Wirkens war, das Trennende einzureißen.

Das Testament Bahá'u'lláhs ist ein Regen der Güte, eine Sonne der Wahrheit, Wasser des Lebens, der Heilige Geist. Darum öffnet eure Herzen, um die volle Kraft Seiner Schönheit zu empfangen, und ich will für euch alle beten, daß euch diese Freude zuteil werde.

Nun sage ich: „Lebet wohl!"

Das sage ich aber nur zu eurem äußeren Ich. Ich sage es nicht zu euren Seelen, denn unsere Seelen sind immer beisammen.

Seid getröstet und dessen versichert, daß ich mich Tag und Nacht dem Abhá-Reich in Fürbitte für euch zuwenden werde, auf daß ihr Tag um Tag besser und heiliger werdet, näher zu Gott kommt und mehr und mehr durch den Strahl Seiner Liebe erleuchtet werdet.

# INHALTSVERZEICHNIS